新・樺太伝道物語

——サハリンへ渡った伝道者たち——

天理教北海道教務支庁 編

序　文

私が表統領在任中の平成二十一年、北海道教区の藤田文雄教区長より、ロシア・サハリン州（旧樺太）に縁のある教友らが六十四年ぶりに現地を訪問し、このお道に命を捧げた多くの布教師をはじめ日本人同胞の御霊の慰霊祭を勤める計画について報告を受けた。かくして同年八月に第一回訪問団が渡航。翌二十二年に私は天理大学学長に就任したが、この年六月にも第二回目の訪問団がサハリンに渡った。その際には、この活動を息の長いものにするために天理大学が一役を買うことになり、国際学部の阪本秀昭教授（ロシア語）を派遣した。阪本教授は訪問団とともにサハリン国立大学を表敬訪問した。

その後の両大学間の調整を経て、平成二十三年の三月十一日、サハリン国立大学よりボリス・ラマザノヴィッチ・ミシコフ学長らを天理大学に迎え、両大学問で学術交流協定の調印式を執行した。調印直後に三陸沖を震源とした東日本大震災が発生した。夕刻の調印記念レセプションの席で、まだ日本国内では被災の実情が明確に報道されない段階であったにもかかわらず、すでにロシア外務省等から情報を入手していたのであろうか、ミシコフ学長から日本国民に対する深甚なお見舞いの言葉が述べられ、私たちは事の重大さを一層深刻に実感した。この調印締結の日は忘れ得ない日となった。サハリン訪問団は、その年の八月に第三回目が渡航し、一応の最終となった。

正直なところ、私は戦前の樺太における布教戦線、伝道の規模を実感していなかった。しかし、北海道教区訪問団やサハリン国立大学との協定を進めるうえに、この樺太の地における本教の白熱的な布教伝道を再確認した。

明治三十八年の日露戦争終結後、樺太島の北緯五十度以南のいわゆる南樺太が日本の領土となった。大勢の邦人が樺太の水産、材木、炭鉱などの豊富な資源を目当てに一攫千金を夢見て渡航した。その中には、すでに天理教の信仰をしていた人たちもおられたであろうし、またそれらの邦人の行くところ、住むところを追いかけるように、移住者への布教を志して樺太の地に渡ったお道の布教師たちも数多く存在したことであろう。記録によると、日露戦争終結後から昭和二十年の終戦によりすべてを樺太に残して内地へ引き揚げとなるまでの四十年間に教会五十五カ所、布教所三十三カ所が設立され、さらに昭和十七年に樺太教区として独立し、管内教信者の真実により現在の州都ユジノサハリンスク（旧豊原）に樺太教務支庁の立派な庁舎も竣工した。

樺太の冬は零下三十度、四十度にもなる極寒であり、日本人入植以前は野菜などの農作物も不足し、耐寒に充分な住居もなかった。そのような厳しい土地に、お道の布教者が次から次へと渡っていった歴史的事実がある。何をもって、人をそのような行動に駆り立てたのだろうか。

当時、樺太以外にも、中国大陸、蒙古、東南アジア、南太平洋諸島などの地域において、日本人が移住する所には必ずお道の布教師が渡り白熱の布教伝道を展開し、教会が次々と設立されたことに、私は実に驚嘆し、また敬服の念を禁じ得ない。その驚くべきエネルギーはどこから来たのであろうか。

いんねんを自覚し、救けていただいたご恩に報いるために、ある布教師の向かった地は偶然北海道であり、また別の布教師にとってはそこが樺太であった。その他、親戚縁者がいる土地、偶然にも仕事で出向いた場所などにおいて、布教師たちは神様の不思議なたすけ、ご守護を実感し、天命として各地に教えを伝えていった。そういうものが力強い流れとなって広がっていった時代であったと思う。当初の海外の日本人居住区における布教を経て、次なるステップとして異民族、異文化、異言語地域へと教線を伸ばしていった。

このような動きのなか、大正十四年には海外布教のための外国語を習得し、異なる宗教、文化、価値観を理解することを目的に、天理大学の前身である天理外国語学校が設立された。国際感覚豊かな海外伝道者養成を根幹とする天理大学の建学の精神は、現在も脈々と受け継がれている。創立以来九十年、教史に残る大勢の海外布教師、また広く世界を舞台に活躍する人材を輩出してきた天理大学は、今後も「宗教性」「国際性」「貢献性」を教育軸に、世界たすけに向かう人づくりの場として、また世界各地のさまざまな分野における橋渡しや支援を行う窓口として、役割を果たしていくことが期待される。
樺太の地に蒔かれた尊い真実の種は、戦争という不幸な出来事により一旦は頓挫したかのように見えるが、やがて時を経て力強い芽が吹き、先人諸先輩方の丹精が結実していくことと信じる。このたび北海道教区の尽力により樺太の地における先人諸先輩方の歩みが明確な記録にまとめられ、今後のお道の世界布教の一つの道しるべを得たことは、この道を受け継ぐ私たちにとって大きな喜びである。

平成二十六年十二月吉日

本部員　飯降政彦

目次（新・樺太伝道物語―サハリンへ渡った伝道者たち―）

後編　教　会　史

旧樺太地図

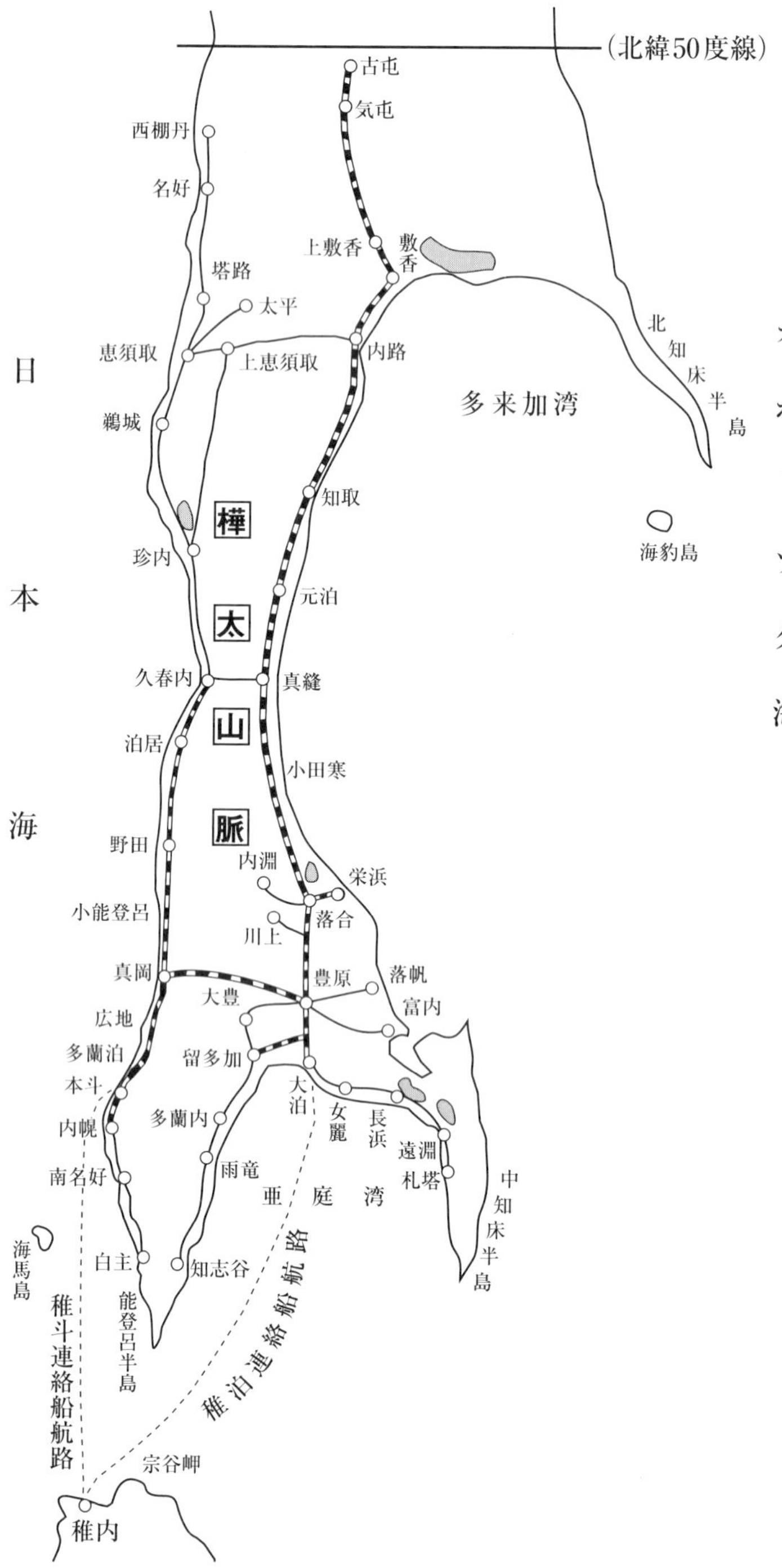
(北緯50度線)
古屯
気屯
西棚丹
名好
上敷香
敷香
塔路
太平
恵須取
上恵須取
内路
日本海
鵜城
多来加湾
北知床半島
オホーツク海
知取
樺太山脈
海豹島
珍内
元泊
久春内
真縫
泊居
小田寒
野田
内淵
栄浜
小能登呂
落合
川上
真岡
豊原
落帆
大豊
富内
広地
多蘭泊
留多加
本斗
大泊
女麗
長浜
内幌
多蘭内
遠淵
雨竜
札塔
南名好
亜庭湾
中知床半島
海馬島
白主
知志谷
稚泊連絡船航路
能登呂半島
稚斗連絡船航路
宗谷岬
稚内

新・樺太伝道物語

——サハリンへ渡った伝道者たち——

前編　樺太の道

樺太の鉄道・住まい・風土

樺太（現ロシア領サハリン州）は、北海道稚内《わっかない》港から船で五時間ほどのところにある。日露戦争終結後、樺太島の北緯五十度から北を北樺太、南を南樺太に分けた。南樺太が日本の領土となったのは日露戦争が終わった明治三十八年である。それを境として内地、北海道から多くの人びとが移住していった。

それまでに日本人は四百六戸、千九百九十人が住んでいた。当時は他にロシア人、中国人、朝鮮人、土着のアイヌ、ギリヤーク、オロチョン、ツングース、ヨツコなど四百七戸、二千百三人。ヨッコ人は北部で生活し、オホーツク海側の敷香（しすか・しくか）町では、日本人の数戸の商店が百人余りのギリヤーク人を唯一の得意先にしていた。

明治三十九年には、日本人はわずか一万二千三百六十一人であったが、四年後の明治四十三年には七千二百二十一戸、二万八千七百二十一人になり、主に中心部の豊原《とよはら》、大《おお》泊《とまり》にそれぞれ千五百戸、六千人前後が固まった。日露戦争前に豊原地方に住んでいた一万人のロシア人は日露戦争後、数十戸に減っていった。

鉄道は明治三十九年十一月に軍用軽便鉄道が豊原、大泊四十キロ間を敷設、翌年八月から一般営業となり、一日二回往復。それまでゲージ（軌間・小さな鉄道）は二尺足らずであったが、明治四十三年から普通となり、大正の初めころ、豊原―栄浜《さかえはま》間が開通。東西を結ぶ豊原―真岡《まおか》の豊真《ほうま》線が開通したのは大正十四年である。その鉄道も冬期二カ月間は降雪のため動かなかったという。それまでは馬車、馬そりが唯一の交通機関であった。

当時、樺太庁では未開発のため移住、入植を進めるため、ほとんどタダみたいに安い料金で土地を貸与した。一般貸し付けは豊原で七十八坪から百五十六坪、真岡で八十一坪。農耕植民地は七町五反まで。貸し付け料金は市街地は一カ年一坪につき一銭五厘から十銭まで一等地から四等地まで分かれ、市街地近在の未開地では八厘《りん》、市街地から離れた土地は三厘となり農耕開拓地は安く、また開拓の成績によって無料で貸し付けをしていた。

北豊原《きたとよはら》分教会の橋本重男会長の話によれば、日本の領土になった明治三十八年には、ロシア兵の死体の足が雪の中に突っ立っていたり、軍馬が遺骸《いこつ》のまま野ざらしになっていた。家は丸太の柱に三角の溝《みぞ》を掘ってそれを積み重ね、ツンドラ（湿地帯の腐葉土）をつめこんだロシア風の造りで、これは割に良い家であった。

「ロシア人の残した家屋は、当時の日本人の目には奇異に映った。占領間もないころ樺太に渡った建築家の岩田房次郎は、『杭《くい》の上に直ちに丸太を積み上げて、外郭及び間仕切りを作る柱は一切使用することなく……樺太の家屋は一切壁は使用されていない』と記している。そして、その家の材料は豊富なトド松が中心であったという。しかし暖房はなかなか良いようで、土壁の日本家屋とは異なる家屋構造だが、その暖房施設には一目置く物があった。ところが彼が仰天したのは厠《かわや》の施設が無いことであった」
（岩田房次郎著『南樺太に於ける現在家屋の景況』の概略）

そのほかの家屋は、ほとんどがムシロばかりの掘っ立て小屋であったという。

樺太の雪は内地の雪と違い水分が無く、吹雪になると、ちょっとした物に吹きだまりを作る。夏には平らな道が吹きだまりで丘になったりする。零下三十五度という厳寒にも住民は、そんな小屋に住んでいても平気であった。

北海道と切っても切れない縁のある鰊《にしん》。鰊は明治三十年ごろが最高の漁獲高で、それからは下降線をたどり、人びとも鰊を追って北上し樺太に渡った。

鰊漁は主に西海岸側（日本海）が盛んで、鮭《さけ》漁は東海岸側（オホーツク海）で盛んであった。

森林の島ともいわれた樺太は木材も豊富であった。木材、パルプ工業が盛んになった。炭鉱資源も豊富で、大きな炭坑がいくつもあった。

樺太に設置された教会も、鰊とともに移動する人びとや鉱山稼働者とともに、新しく形成された町に移転した人も多い。

当時、北海道から樺太に渡航するには小樽から西海岸側の真岡、または泊《とまり》に上陸した。大正十一年、北海道の北見線が全通して、翌十二年から宗谷海峡を渡り亜庭《あにわ》湾の大泊《おおとまり》に連絡する稚泊《ちはく》航路が開航。つづいて稚内と西海岸、本斗《ほんと》への海路が開けて、北海道と樺太は近くなった。

稚内と大泊を結んだ亜庭丸（大泊港）

小樽から大泊及び本斗間の旅費運賃は十二円、八円、四円の三等級であった。

先にも記したように、大勢の日本人が一攫《かく》千金を夢みて樺太の地に渡った。その中には天理教を信仰していた人がいたと考えるのが自然ではないだろうか。その人たちの声は、内地の教会にも届いていたはずである。

樺太の北緯五十度線をロシアとの国境線として、南樺太は三海岸線に分かれる。西海岸はロシアを挟んで日本海側の間宮海峡を北に真岡《まおか》、泊居《とまりおる》、恵須取《えすとる》、名好《なよし》と国境に向かう。東海岸は右に知床岬《しれとこ》から太平洋側を元泊《もとどまり》、知取《しるとる》、敷香《しすか》と進む。北海道側の宗谷海峡に面した亜庭湾は、大泊、留多加《るうたか》と比較的温かい海岸線である。

本教最初の布教師

日露戦争終結の年の明治三十八年晩秋に、原口平八氏が小樽から樺太、泊に渡って留多加郡三郷村《さんごうむら》多蘭《たらん》内にわらじを脱ぎ、布教を開始した。記録に載る中では、この原口氏が純粋に布教目的で樺太に渡った最初の人であろう。

原口氏は淡路島洲本の石工で、洲本大教会で信仰していた。

明治三十六年ころ、家族とともに北海道倶知安《くっちゃん》町に入植して信仰から遠ざかっていたが、倶知安には髙安系の三倶布教所があることを知り信仰を再開した。留多加郡多蘭村は五、六十戸の漁村である。亜庭湾に面したこの漁港は冬でも凍結せず、木材を運び出す基地で出稼ぎ者も多く活気があった。

原口は二十軒ほどの信者ができ、樺太三郷村布教所を開設した。この布教所は無認可であった。その後六十七歳で志半ばで出直したが、その原口に、母親の身上をたすけられて入信した谷口安太郎氏も、自身が次々と身上を見せられたが、不思議なたすけをいただき、熱心に信仰して原口とともに布教に従事した。

谷口氏は、亜庭湾側の留多加町に本樺太《もとからふと》分教会を設立した。

大正十年ころ、谷口と出会った秦野鹿太郎氏は大本教の修行者であったが、谷口との激論の末、元初りの話を聞き感銘してその場で入信し、道一条を決意し、後に登龍《とうりゅう》分教会を昭和三年に設立した。

その系統で、昭和初期に北海道の統北《とうほく》分教会で信仰をしていた玉田キミ氏が樺太豊原の娘夫婦を頼って来樺《らいか》し布教、昭和十二年に統北玉《とうほくたま》分教会を設立している。

次に、明治三十九年四月まだ肌寒い春ごろ、石山忠吉氏、佐々木倉吉氏等々が福島県会津から布教で北海道小樽へ、そして樺太真岡に渡った。このころはまだ西海岸側には本教の本格的布教師はいなかった。また日本人も定住する人はほとんどなく、アイヌ人が布教の対象者であった。

石山は十九歳の時、胃がん、喘息、重い痔ろうの病で医師も匙《さじ》を投げ、水も飲めぬ状態となり、死を待つだけの身となった。会津地方を布教に廻っていた白羽支教会の布教師、高塚佐太夫氏のおたすけにて生涯たすけ一条で通る心を定め、奇跡的に生き返った。アメリカ布教を志すも樺太布教に切り替えた。同行の佐々木氏は途中で帰国した。

アイヌの人たちのおたすけに不思議なご守護が次々と現われ、布教所に参拝にくる人たちも多くなってきた。アイヌの神はカムイであり、石山が説く「南無天理王命」もアイヌの信仰者たちはカムイとして崇《あが》めた。毎月、村の酋長とその妻は多くのアイヌの方々を連れて参拝にきた。

石山氏は後に西海岸側、真岡に真岡《まおか》分教会を設立する。

記録にはないが、ほかに多くの布教師がこの時代にも渡樺《とか》したであろう。しかし、すさまじい零下三十度、四十度にもなる厳寒の冬。作物の取れないツンドラの土地に夢破れ帰国した布教師たちも数多くいたであろう。この年代の布教師たちが本教最初であった。

樺太に渡った伝道者たち

明治四十年には、樺太布教で大きな働きを残した久保寺ハツ氏が渡樺している。小樽から真岡に着いた。このころ、日本人の婦人は珍しい時であった。おそらく真岡では、先の石山氏が布教を開始しているのを見て北上し、十二里（四十八キロ）北の野田寒《のださん》（のちの野田町）に行ったのではないだろうか。

ハツは神奈川県で農業兼雑貨商を営んでいた。夫喜三郎が四十三歳で出直してからその翌年、次女つる十一歳がてんかんの身上となり、後の金田《かねた》分教会（神奈川県）の役員を勤めていた親戚の横山園次郎氏からお道の話を聞いた。

この年明治二十五年秋、金田分教会に巡教があり、宇治田原支教会理事の谷川秀次郎先生、長谷川粂治先生が来会した。この時ハツは真剣に信仰をすることを定めた。時に三十八歳であった。

二年後の明治二十七年、家事を長男にまかせ、田名《たな》分教会の礎を築き一途に布教を進めて隆盛となるも北海道に渡る。その時、寿都《すっつ》町の五、六軒の信者から樺太は景気が良いと聞いた。たまたま島牧村に住んでいた信者が渡樺すると聞き、ハツは樺太行きを決意した。

真岡に着いた時は懐には金八銭だけで、荷物もなかった。

当時の野田寒はアイヌ人が十戸ほどで、日本人は数軒が掘っ立て小屋を建てて漁業をしていた。時期になると密漁目的で四、五十の小屋が建った。ハツは船大工の角寅吉氏宅に草鞋《わらじ》を脱ぎ、仕事場の片隅に小屋を建てて住んだ。野田寒での布教第一歩であった。明治の末になると、野田寒に王子製紙工場ができ、日本人も多く住むようになった。ハツは猛烈な布教から、西海岸側の野田町に野田寒《のださむ》分教会を設立した。

泊居町では、ハツの三男直次氏が長兄の義姉と結婚したが、二子をもうけてから結核となり、母ハツの導きで道一条となり、南樺太《みなみからふと》分教会を設立。

野田寒の小能登呂《このとろ》村では、ハツのおたすけで、医師から危篤を宣告された三歳の次男由雄をたすけられた吉村巳之吉氏が小能登呂分教会を設立。

久春内《くしゅんない》町では、明田川清松氏が流行性感冒に罹《かか》った時、大泊の南渓町《なんけいまち》の教会の田口所長に助けられて信仰を始め、野田町の発展に目を付けて移住した。信仰は忘れた状態であったが、再度の身上となって駅前にある野田寒の教会にたすけを請い、信仰を取り戻す。南渓町の教会との話し合いの上、野田寒の教会に付くこととなり、後に久春内に布教に出て久春内分教会を設立。

当時、野田町に住んでいた瀧澤貞太郎氏は心臓の病で苦しんでいた。隣の妻女からにおいがかかり、野田寒の教会に参拝をしてその話に感銘して信仰を始めた。北の恵須取方面が開けたので、恵須取町に布教に出て本樺恵《もとかばえ》分教会を設立。

久保寺ハツは、こうして西海岸側に女性一人の身で五カ所の教会を誕生させている。

次に河原町系統で、越乃國、本島が大教会の組織を駆使《くし》して樺太庁のある豊原で、明治四十二年布教を開始した。

豊原は、当時は教会堂、学校、近隣物産を扱う商業地区を擁《よう》した二百五十棟の建物が並ぶ程度の集落であった。日露戦争時には交通の要所、軍事上の要所と考えられていた町であり、樺太では農業上最も有望な鈴谷《すずや》平野の中心に位置していたウラジミロフカ（豊原）を、札幌を真似て碁盤目《ごばんめ》状に区割りをして、日本が新たに作り直した町である。時の樺太庁三代長官・平岡定太郎氏は、樺太民全体を宗教的道徳で治めていきたいと思っていたようだ。

平岡氏は兵庫県加古川市生まれで神戸師範学校卒。早稲田、東大と進んだ。どこで宇野又三郎氏と知り合いになったのか、信者の関係での知り合いなのか定かではない。その平岡長官から、何らかの関係があった宇野氏は樺太での布教を勧められた。

明治四十三年、豊原に土地を払い下げてもらい樺太最初の教会、樺太分教会が誕生した。

越乃國三代会長の宇野氏は、本島の片山好造氏と樺太進出をはかり、日露戦争終結直後に渡樺して事業をしていた住吉幾松氏と連絡を取り樺太に渡った。

宇野氏と知り合い関係であった樺太庁長官・平岡定太郎氏から豊原市の一等地に敷地

五十坪余りの家を借りて、名称の理を戴いた。その後「海外布教は本島が慣れているから本島に任せた」と、樺太の二代会長に片山好造氏を迎えた。

片山は本島二代会長も兼任しており、向所《むかいじょ》虎吉氏が任され着任した。着任した時の教勢は惨憺《さんたん》たる実情で、樺太に派遣した布教師は向所を残して総て内地に引き揚げるに止むなしであった。

向所は嘲笑の中、焚く物もない中、苦心惨憺《さんたん》して熱心な信者を五、六十戸ご守護いただいた。

やがて向所は、本島支教会従事となり本島に帰った。そのあとを任されたのが平井熊之進氏で大正三年五月十日、樺太分教会三代会長に就任し、六月に渡樺している。

平井は山口県生まれで、代々大工を生業としていた。オーストラリア、朝鮮と出稼ぎに行った。朝鮮に行った折、長男雅男六歳、長女アサヲ三歳の時、妻ウメと死別。朝鮮京城で働いていた時、親戚の田淵音松氏（京龍《けいりゅう》分教会初代会長）からにおいがけされて入信する。

信仰が深まり道一条となり、京城大教会の妹尾喜代治氏と忠清南道太田に布教に赴き、太田分教会を妹尾氏が会長として設立。

いっぽう、平井は本島大教会より樺太分教会長を任命された。

本島では樺太分教会設立の後、大正十四年、梨羽博樹氏が泊居町に泊居《とまりおる》分教会を設立。梨羽は広島県出身で有数な財産家であったが、大酒のため失敗し北海道から樺太へと流浪《るろう》した。豊原町郊外で農業に従事。木炭などを販売をしていた。大正八年ごろ、長女の骨膜炎を平井におたすけを請うが、ご守護いただけなくて出直した。その長女は「私に代わって信仰を続けてほしい」と遺言をした。梨羽は長女の最後の言葉を大切に、熱心に信仰した。泊居町に土地、家屋を借りて教会名称の理を戴いた。

片山好造氏にたすけられた大上代吉氏が、大泊町に本樺《ほんかば》分教会を設立。大上は本島で漁師をしている時、父親の身上を片山にたすけられた。この時のお諭しで道一条にならなければいんねんは切れぬと悟り、家業の漁師をやめて先輩の布教師・岡崎よね氏とともに横浜で布教。明治四十二年、樺太分教会に住み込み、その設置に尽力する。

いったん香川県本島に帰るが、大正六年樺太の土になろうと再び渡樺。大泊栄町に借家、土間に筵《むしろ》を敷いて布教を開始した。近くの餅屋の釜焚《かまた》きを朝二時から手伝いながら布教をした。

大正九年、身上をたすけた大山ミヨと結婚、ミヨには四人の子がいた。ミヨと結婚した時には、大上の財産は信玄袋と布団一組だけであった。飢えと寒さを凌《しの》いだ苦労が実を結んだ。大正十四年、教会名称の理を拝戴した。

南樺太の交通基点となった豊原駅

河原町系では、その後高知県秋山村で大工をしていた末松亀太郎氏が、高知系で信仰していた。その長男豊美氏は幼心に神様の前で拍子木を叩いておつとめをしていることを記憶していた。

豊美十一歳の時、一家は北海道浦臼《うらうす》町に移住し、土佐牧場で働いた。父親の目の患い、母の胃腸の患いで、近くにあった月浦分教会初代会長小松寿作氏にたすけられ、信仰を再開した。

明治四十年春、他の二十数戸の開拓民とともに樺太に入植した。この中にいた湯浅寛二氏も開拓民として入植した。

豊美二十歳の時にリューマチを患い、教校別科入学を心定める。別科費用捻出《ねんしゅつ》のため薪《まき》を馬で売りに歩いた。同じ河原町系の樺太分教会でも「末松の兄ちゃんが本部の別科に入るそうな」と、よく薪を買ってくれた。このとき、同時に開拓民として入植した湯浅とともに教校別科に入学。卒業後、熱心となった豊美は豊原市に樺浦《かばうら》分教会を設立。その後教区主事長として尽力し、樺太教務支庁舎の普請では建設委員長として岡田佐平教区長をたすけた。

いっぽう湯浅寛二氏は、豊北村に豊樺《とよかば》分教会を大正十四年に設立。

知取町では、宇野ナヨ氏が昭和六年に知取《しるとる》分教会を設立。

知取町は三千戸に余る大きな町。パルプ工場と炭鉱の町で実に活気のある町であった。しかし教会は一カ所あるのみで、その教会も会長が老齢のため教会を空けて有名無実の状態であった。二代所長佐々木作太郎氏が上級教会のご命で破れ果てた教会に赴任、苦心惨憺、言語に絶する奮闘により活気が戻ってきた。

恵須取町では、江草荒次郎氏が昭和十一年に樺恵《かばえ》分教会を設立した。江草は長崎県の人。日露戦争が終わり、帰路途中の大連にて左目に砂が入り、失明状態となる。時に三十四歳であった。

妻ノブ氏は市内を行商しながら生活を支えていた。

明治四十三年、父方の従兄の誘いで、ノブは子供を背負い盲目の夫の手を引いて長崎を逃げ出すように寂しく、心細く北海道に渡った。この従兄の小沢氏が三笠山分教会で信仰をしており、江草夫婦に信仰を勧めた。

その後江草は、かわいい娘の死や火事を出したりと身上や事情が続き、自らも片目を失明したが、道一条を定めた。

大正十年渡樺して恵須取町に布教に出た。三笠山分教会では多くの炭鉱家族が住む炭坑を布教地として布教活動を進めていた。

恵須取町の近くに、樺太でも屈指の大平《おおひら》炭鉱があったので布教地とした。ここに大きな大平炭鉱病院があり、この病院の医師が手を余した患者があれば、病院長みずから江草の元におたすけを請いにきた。

越乃國系では、昭和九年に武田市治郎氏が元泊村で元泊《もとどまり》分教会を設立した。

武田は福井県三方郡耳村に生まれる。木山《きやま》分教会初代会長、山口利右衛門氏のにおいがけにより信仰を始めた。

明治三十三年、木本布教所設置には信徒総代の一員として名を連ね、その後福井や武生方面を布教する。大正時代に樺太に単身渡り料理屋を経営して成功し、家族を呼び寄せた。料理屋は発展し支店を持つまでになった。

昭和五年二月、最愛の孫が身上となり、医薬の限りを尽くしたが危篤となり、医者も匙をなげた。元の信仰を思い出して木山分教会におたすけを願った。

木山の会長であった松永七蔵氏が急きょ樺太におたすけにきて、入信の元一日に立ち返り、教会設置の心を定めるようにと諭した。武田はその場で心が定まり、直ちににおいがけに出た。孫の身上もたすかり、次々と不思議なご守護をいただき、信者も増え、自宅を改装して教会とした。料理店は息子の磯太郎氏夫婦が経営をして順調に伸びた。

こうして河原町系は八カ所の教会が誕生する。

明治四十四年、樺太の玄関である大泊に津軽系の出町《いずりまち》りさ氏が布教に入った。青森から渡った娘夫婦の佐吉、タカが樺太大泊の鰊漁で働いているのを頼ってである。夫婦は鰊場の漁師をしていた。

りさは青森県西津軽郡水元村の人。夫の源蔵氏は地主で県会議員で県の参事も勤めていた。

明治四十二年、りさは不思議な神様を信仰している人がいると聞き訪ねた。津輕の初代・葛西《かさい》亦蔵氏が布教していた。りさはその不思議なおたすけを目の当たりにして入信を決意した。

地位や生活には不自由がなかったが、眼病や子宮病を患い体が弱かったのである。さらに長男次郎作が生まれつき体が弱かったのが入信の動機であった。その翌年、次郎作七歳の時、夫源蔵に内緒で娘夫婦の手伝いに樺太に行く、と言って葛西亦蔵氏に息子を預けて渡樺した。時に三十八歳であった。

数戸の信者もできたころ、夫から「帰ってこい」との催促があり、りさは帰ることとなって、津軽にある上級水元《みずもと》分教会に布教師派遣を依頼した。後に渡樺したのが菊地重太郎氏である。

菊地は熱烈な布教をした。また、樺太の天理教布教師の心の大きな支えともなった人である。この菊地が樺太の道の上に尽くした功績は大きいものがある。

菊地は西津軽郡稲垣村の人で、胃の患いが持病で水元分教会の乗田豊吉氏にたすけられた。乗田はハンセン病を葛西亦蔵氏にたすけられて熱心に布教していた。菊地二十三歳の時である。

その後、事情があり乗田は道から離れ、水元分教会は斎藤常太郎氏が中心となった。その一番の信者が菊地であった。五尺一寸の小男で字はカナしか読めなかったが、派手な性格で水元で教理を勉強していた。

においがけした片岡氏の筵《むしろ》小屋に草鞋《わらじ》を脱いで布教を開始した。

津輕系で、大泊に菊地重太郎氏が南樺《なんか》分教会を設立した。菊地に教導職がなく名義だけで、初代会長は水元の斎藤常太郎氏とした。

菊地に母親をたすけられた金子直太郎氏が、栄浜郡《さかえはまぐん》落合町に北樺《ほっか》分教会を設立。

直太郎は明治三十年秋田県で生まれた。六歳の時、一家で北海道礼文島《れぶんとう》に渡り、四年後樺太大泊に移住した。直太郎十五歳の時、父直次氏が四十二歳で出直す。

その後、母ミテ氏は猿田滝之助氏と再婚する。ミテが子宮癌となり菊地重太郎氏にたすけられる。ミテ夫婦は夏には漁業に冬には山仕事に出て、直太郎は南樺分教会に住み込み教会から仕事に通勤していた。二十二歳の時、猿田サト氏と結婚。栄浜郡落合町の富士製紙に勤務。大正九年に生まれた長男一雄の両眼が失明すると医師から宣告され、道一条を決意する。丸十日で一雄氏の両眼はご守護をいただき布教に専念し、大正十三年、落合町に名称の理を戴く。

菊地にたすけられた赤塚猶蔵氏は豊原で中樺《ちゅうか》分教会を設立。赤塚は新潟県出身で樺太大泊で三井物産に勤務していた。代々養子で猶蔵氏の実家から迎えた養子が骨盤カリエスとなり十八歳で出直した。この養子が病気で苦しんでいるときに妻の親戚からにおいがかかった。その子が猶蔵に「私が死んだら、この信仰を通ってください」と言って出直した。赤塚は道一条になり夫婦して南樺分教会に住み込み、その土地で布教をして中樺の名称の理を戴く。この赤塚が後に南樺分教会の三代会長となる。

横山三保治氏が恵須取町に水恵《すいけい》分教会を設立。

横山は明治三十九年に宮城県から村の集団移住に加わって大泊に行き、ここでにおいがかかったようである。その後豊原に移住。恵須取町に布教に出て名称の理を戴く。

金子直太郎氏にたすけられた井上タミ氏が栄浜郡白縫《しらぬい》村で水榮《すいえい》分教会を設立。

明治三十九年、井上は北海道江差から泊居町に漁師の父と移住した。金子氏や北樺の教会の人たちは白浦地方、知取、内路《ないろ》、敷香方面に布教に出た。そこで井上タミににおいがかかったものである。

出町りさの長女夫婦、太田佐吉氏が本斗《ほんと》町に樺西《かばにし》分教会を設立。

い、りさの娘夫婦太田佐吉、タカは大正十四年に本斗町に渡って布教し、その後、い、りさの三男要三氏が後を受けて樺西の名称の理を設置した。

平中辰雄氏が蘭泊村に大正十二年、北真岡分教会を設立。

三浦留太郎氏が豊原に昭和十二年、岩樺《いわかば》分教会を設置。すぐに事情教会となり、斎藤豊太氏が移転改称して「水光」として真岡郡蘭泊《らんとまり》村で復興した。

こうして津輕系から八カ所の教会が誕生した。

ここに樺太初期の道の姿ができ上がってきた。西海岸には真岡に石山氏。野田寒に久保寺ハツ氏。亜庭湾には留多加《るうたか》に原口氏。大泊には菊地重太郎氏。豊原には本島の平井熊之進氏。

この人たちが先達となり樺太布教は進んだ。

南からだんだんと北へ進み、西海岸側では泊居町、久春内町、恵須取町、名好町と国境方面へと布教活動が展開された。東海岸側でも落合町、元泊町、知取町、敷香町へと北に進んだ。

当時の豊原町の人口は数千人ぐらいで、周囲の村は二、三里と離れていた。そこを歩き廻っての布教であった。十月になると雪が降り始め、翌年五、六月までは残雪があり、一年の半分は冬の寒さとの闘いである。零下三十度もの厳寒の風雪の中を布教に歩く。

大変な布教であった。

明治の末ごろに渡樺した布教師の中には、山名系の、後に亜庭《あにわ》分教会を大泊町で大正十三年に設立した佐藤信茂氏たちがいた。

佐藤は山形県の元大工職で、静岡県の城東《きとう》分教会で信仰していた。鶴岡で布教していたが札幌に向かい、明治末ごろ樺太に渡った。佐渡出身で豊原で製材業を営んでいた小杉兼蔵氏方に間借りした。その縁で小杉も信仰を始め信者もできたので大正初年、豊原布教所を開設した。山梨出身の元医者だった石田喜代作氏が信仰を始め道一条となり、佐藤の命で大泊で布教をすることとなった。

大泊の道は伸びたが、ある事情を起こし石田と役員が横領罪で禁固刑《きんこけい》となった。このことに佐藤は心痛し、豊原布教所で自ら命を絶った。

この事情を憂慮《ゆうりょ》した城東分教会三代会長、横山源吉氏は樺太に渡り事情整理し、豊原布教所と大泊布教所を城東の直轄とし城東の役員、土井利平氏を大泊に派遣した。

土井氏は教勢を盛り返して大正十三年、亜庭の名称の理を戴いた。事情により会長名義は松本岩吉氏であった。

樺豊《かほう》分教会を豊原町で設立した西郷儀作氏。

城東分教会の直轄となった豊原布教所には城東の布教師、西郷氏が派遣された。大正十四年に教会となるも、昭和五年に西郷は五十七歳で突然出直した。その後、豊原で製材業をしていた小杉兼蔵氏が二代会長となる。


その関係で、大泊分教会を設立した千葉徳治郎氏がいる。

大泊布教所に派遣された土井利平氏は亜庭分教会の筋向いに住んでいた千葉徳治郎ににおいがけをした。大正十四年、千葉は大泊《おおどまり》分教会を設立した。

昭和十年、千葉が出直してより、城東から落合茂氏が派遣されて二代会長となる。


笠岡系の吉岡吉次郎氏も明治末に渡樺し、大泊郡深海《ふかみ》村で輝北《きほく》分教会を設立。

吉岡は明治七年、鳥取県西伯郡崎津村で生まれた。

吉岡が三十歳の時、腸チブスの病となり米府《べいふ》分教会の上級島根の井上役員からたすけられ信仰を始めた。

昭和二年、樺太支部発会式（樺太分教会の玄関前にて）

明治四十年、家運挽回《ばんかい》の目標で北海道、樺太へと渡り、漁業をして国元の米府分教会にも送金をした。

深海村に移住し漁業の傍ら布教にも精を出した。おさづけの理が無いので病人を見れば撫で、お息の紙を貼ってご守護をいただいた。後では馬で回らなければならないほどであった。大正十年、教校別科卒業後は家業は子供にまかせて布教に力を入れた。

米府分教会長が大正十二年初めて巡教したときは、四十名近くの信者がいた。大正十三年、輝北の名称の理を戴いた。

その関係で成田平七氏が大泊に樺島《かばしま》分教会を昭和十六年に設立。

北洋系の利居《りおり》分教会を設立した佐藤亥吉氏も明治の末に渡樺した。大正十三年に出直すも娘の佐藤トミヲ氏が初代会長となる。

佐藤亥吉は明治二十八年ころ、由利《ゆり》分教会の礎ともいえる佐藤嘉右衛門氏から、子供が次々と出直すいんねん話を聞き入信した。明治三十九年、樺太に渡って泊居町で布教していたが大正十三年、七十四歳で出直した。

その娘であるトミヲ氏がその父の意志を継ぎ、大正十五年布教所を開設。昭和九年、利居分教会を設立した。


大正の初期には湖東系の布教師、神保與七氏が渡樺して大泊に大泊港《おおどまりこう》分教会を設立。與七は山形県山寺町に明治六年生まれる。石屋に奉公、年季のあけたころ近くの天童町の神保みつ氏の婿養子として入籍した。

石屋を経営していた。明治二十九年夏、滋賀県湖東町の中郡《なかごおり》分教会の布教師、山本常次郎氏が行商しながら布教していた。

ある日、神保が仕事をしている時に横で道の話を始めた。神保はいたく感動して山本の布教をたすけた。だんだん家業である石工仕事を弟子に任せて布教に歩いていたが、親戚の大反対となり、神保は妻と娘を伴って中郡分教会に住み込むこととなった。妻みつの長兄が樺太で商売をしていて、その誘いもあって大正四年に樺太に渡る。渡って二年目に身上をもらい道一条の心を定めた。大泊町に家を借りたあと教校別科入学。その留守中、妻みつが子宮癌で出直した。帰ることもできず別科を卒業した。樺太に帰ったのち猛烈な布教をして大正十四年、大泊港分教会を設立した。

その関係で、大泊に西樺《にしかば》分教会を大正十四年に設立した澤田くに氏がいる。

大正十五年に陽樺《ようか》分教会を設立した西野すゑ氏が、渡樺した。

嶽東系では海老名三郎氏が渡樺、池《いけ》竹尾氏と結婚して後に入信。逢坂村に清坂《きよさか》分教会を設立。

海老名三郎は明治二十七年、余市《よいち》郡大川町で海老名初太郎氏の二男として生まれた。海老名家は青森出身で北海道江差《えさし》に渡り、後に余市大川町に移り住んだ。初太郎は長年船頭を勤めていたが、山の仕事に切り替えた。妻きよ、長男重太郎に先立たれて父子二人で生活する中、大正二年、他の仲間とともに樺太真岡郡清水町逢坂村に渡り、農業を営んでいた。

大正五年、池栄《いけ》氏の四女竹尾と結婚した。池栄氏はすでに熱心な信仰者であった。

大正八年、長女花子の身上から海老名は入信の意思を固めた。また深くいんねんの自覚をして道一条を定めた。教校別科卒業後、布教活動に専念。教祖四十年祭を迎える教勢倍加運動の旬に清坂分教会を設立した。

千葉兄弟の薦めで入信した山崎準一氏が、恵須取町に上恵須取《かみえすとる》分教会を設立。

山崎は明治三十年、福島県相馬の地で父市太郎、母さつの二男として生まれた。明治三十二年、一家で北海道瀬棚郡利別村に移住した。大正二年ころ、父市太郎氏が病床に臥す身となり、飯野川出張所の布教師、川上捨平氏の熱心な丹精により話を聞くようになった。山崎一家は千葉熊蔵氏、千葉市松氏、千葉八百吉氏の丹精で次第に熱心に信仰するようになった。準一夫婦は樺太に渡った。

昭和九年、教校別科卒業後ますます信仰の炎を燃えさせて、昭和十年、恵須取町で上恵須取分教会を設立した。

千葉市松氏は樺恵須《かばえす》分教会を設立した。

千葉は宮城県桃生《ものう》郡太田村で父高橋作兵衛氏の三男として慶応元年に生まれた。明治二十一年、同村の千葉与利治の長女さきと結婚、入り婿となる。明治二十八年、小田原分教会の武尾卯三郎氏に子供の身上から話を聞き入信した。明治三十年、飯野川出張所設立には信徒代表として活躍した。明治三十三年、出張所に入り込みとなる。利別村の信仰者たちは次から次と村を後にして新天地を求めて遠く樺太に渡っていった。千葉市松も新天地を求めて五十九歳の時、渡樺した。恵須取町に布教を再開して筆舌《ひつぜつ》に尽くせぬ苦労、努力の末に昭和十年、名称の理を戴く。

千葉八百吉氏は、樺太長浜郡遠淵《とおぶち》村に昭和十五年に遠淵分教会を設立。八百吉氏は市松氏と兄弟である。

那美岐系の泉波鉄蔵氏は、真岡町の小高い丘の上に真光《しんこう》分教会を大正十五年に設立。

網島系の並河仁助氏は、恵須取《えすとる》分教会を昭和五年に設立。

恵須取町は樺太西海岸側では一番北の町である。大正八年ころから布教を始めた布教師、並河氏の努力が報いられ、日本最北端の教会が誕生した。

大正末には甲府系の内田清重氏が大泊町で風呂屋を経営している信者を頼って渡樺し、大泊に大樺《たいか》分教会を設立。

内田は山梨県北巨摩郡若神子《わかみこ》村に内田駒次郎、カメノ夫婦の長男として明治三十四年に生まれた。

内田家は駒次郎の長女サトヨ氏の身上から北巨摩分教会の辻岩次郎氏にたすけられて信仰を始めた。清重が生まれた時には駒次郎は単身、函館で布教をしていた。明治四十二年清重七歳の時、函館に移住をした。駒次郎は大正三年、函館に松風分教会を設置した。

清重はかねてよりロシア布教を志していたが、父の許可が出ずにいた時、松風の信者夫婦が明治三十八年に渡樺し、大泊町で風呂屋を営んでいた。教校別科卒業の後、父会長を説き伏せて二十四歳の時、樺太大泊町に渡り一年余りの布教ののち大正十四年、名称の理を戴く。

生野系の野田安蔵氏が、信者の鈴木一家をたよって大正十四年に渡樺した。鈴木しま氏を会長に生樺《せいか》分教会を設立して内地に帰る。

鳥取市にある法美《ほうみ》分教会長の野田安蔵氏は、教祖四十年祭に打ち出された海外布教に触発され、法美分教会の信者で樺太に住んでいたしまを頼って大正十四年に渡樺した。しまは息子、鈴木熊太郎氏の家に同居していた。

野田氏は鈴木の家を足場として布教を開始した。

たまたま東京の友人から依頼されていた物を持って本斗町長の夫人、北条夫人を訪れた。

折しも本斗町では、時の皇太子をお迎えする準備で多忙であった。北条町長は野田氏の訪問を大変喜び、殿下のお休みの建物、ご覧になられる樺太物産の陳列所に案内しようと申し出た。この時、野田氏は渡樺するときに生野大教会長より「名称の理を戴くまでは物見見物は一切ならぬ」と諭されていたので、そのことを申し上げ、丁寧《ていねい》にお断わり申し上げた。その態度に感服した北条町長は早々に神様をお祀りした。

大正十四年、野田安蔵氏と鈴木一家の真実により豊原市で生樺の名称の理を戴いた。野田は法美分教会の会長であったので、鈴木しまが会長に就任した。

新潟系の山田奥蔵氏は留多加町に渡り、千代樺《ちよかば》分教会を設立。山田は新潟県佐渡郡相川町で有田音吉氏の四男に生まれた。有田夫婦は新潟大教会の池ハナ氏ににおいがけされて信仰をしていた。有田は短命のいんねんを悟り、高千《たかち》分教会に住み込んだ。高千分教会の信者の山田安蔵氏夫婦は、樺太留多加に渡って漁業を生業としていた。かねてより布教師派遣を願っていた。折しも教祖四十年祭の海外布教が提唱されていた。有田は樺太派遣の布教師として大正十一年六月、大泊に渡樺した。山田宅を足場に布教をして、留多加に千代樺の名称の理を戴いた。山田夫婦には子供が無く、出直しにより有田奥蔵氏が山田家に養嗣子《ようしし》として入籍した。

平安の梅津好吉氏が、豊原町に大正十四年に豊安《とよやす》分教会を設置。

豊岡の田口仁太郎氏は、大泊町に大正十四年に楠渓《なんけい》分教会を設立。

岐美の佐藤為右衛門氏が、内幌村に大正十五年に内幌《ないほろ》分教会を設立。

鹿島系の樺園《かえん》分教会は、小牧の松浦好蔵氏が初代会長として設立した教会であったが、事情となっていた。大正十五年教祖四十年祭の時、若松為太郎氏は海外布教を心定めして渡樺。昭和十八年、所属を変更し、大泊町に復興をした。

若松は秋田県男鹿に生まれた。鍛冶屋に奉公し年季《ねんき》があけ、親たちが秋田から移住した稚内に移り、鍛冶屋を営んだ。母は長年、子宮病に苦しんでいたが宗谷布教所長の引網庄蔵氏のおさづけで奇跡的にご守護をいただいた。為太郎も二十六歳の時に大酒がたたって身上になった。それを三日間の願いでご守護いただき、心の成人を促された。

甲賀系の岸岩之助氏は、豊原に一人も信者のいないままに北豊原分教会を設置したが、事情となり、橋本重男氏が昭和七年に復興。二代会長となる。

兵神系の橋本市馬氏が敷香町に敷香《しくか》分教会を設置。

廣田市五郎氏は真岡郡広地《ひろち》村に西樺太《にしからふと》分教会を設置。

郡山系の上田はる氏が名好《なよし》村に園樺《そのかば》分教会を設立した。

昭和時代には幾多の布教師が樺太に渡った。その中には西陣部内、弘徳《こうとく》分教会長の林壽太郎氏が昭和八年、姉の身上回復のお願いのため遠くの地へ布教に出ようと考え、真岡に布教に出ている。雨龍大教会三代会長の西垣春一氏もいた。

最後に、北蝦夷《きたえぞ》分教会は昭和十九年四月設立。岡田佐平氏を会長として教務支庁教会としてお許しを戴いた。しかしご分霊の下付はまだであった。岡田は奉告祭準備のためにおぢばに帰っていた。

その時終戦となり、樺太には帰ることができなくなった。教会は昭和三十九年、加藤喜代治氏によって復興されたのである。

樺太教務支庁舎の建設

昭和十七年に樺太教区が独立して岡田佐平氏が二代教務支庁長となる。直ぐに浮かんだのが、地域活動の中心たる教務支庁の建物の問題であった。

時をおかずして、本部の中山為信総務部長に庁舎建築の件につきお伺いした。中山先生は首を傾げてしばらく考えになっておられたが、

「管長様に直接あんたからお伺いしてみいや」

と早々取り計らってくださり、真柱様にお目に掛かることができた。

お忙しいお方の前であるからと、単刀直入に用件を申し述べたが、それにはお答えにならず、樺太の道の様子をあれこれと詳細にお尋ねになる。問われるままにお答えし、熱烈な信仰、純粋に親を慕い理を求めている様子などを陳述《ちんじゅつ》した。

だが、いつまでたっても庁舎の件については可も不も仰せられない。押してお尋ねしたがご返答がない。これ以上お側にいるわけにもいかないので、ご挨拶してお部屋を出ようと戸に手を掛けた時、

「お前、歳いくつか」

とお尋ねがあった。

「ハイ、五十九歳でございます」

とお答えする。

「寒いところご苦労さん、しっかりやってや」

と仰せられた。

岡田庁長は極めて不明瞭な気持ちのまま、再び中山先生のお宅へ足を運んだ。

「どやった。真柱様何と仰った、お許しがあったか？」

と、先生はせっかちに尋ねられた。

「樺太の道についてはいろいろお尋ねがございましたが、肝心の庁舎ふしんについては別にお言葉がいただけませんでした」

「……お暇の際、私の年齢をお尋ねになり、寒いところでご苦労さん、しっかりやってや、と」

先生は膝をたたいて、

「岡田はん、それ、お許しやがな」

完成間近の樺太教務支庁庁舎

ああ、そうであったか。
「愚鈍者でして……」
「よかったな」
声をあげて笑い、喜び合った。

昭和十八年一月十五日、敷地六百坪を求めた。庁舎ふしんの会議がなされた時、予算の問題でひともめがあった。

岡田庁長は、真実の上から成り立つのが神殿だから絶対割り当てはしない、ご守護を待つ、という方針であった。

これだけのふしんをするのに予算なしでできるわけがないといろいろ談じ合った。結局、神様のご守護を待つという岡田庁長の信念が貫かれた。

どこの教会がどれだけ受け持つ、ということは生涯伏せておられたので誰も知らない。

当時、千円もあれば立派に家が一軒建った。土地十万、ふしんその他で二十六万円という大金が教会五十余カ所、布教所三十余カ所でよくできたものである。

それも、神具一切を買い、借金が残らなかった。

岡田庁長はいつもリュックサックを背負って歩いた。教会や布教所、信者宅を回って四枚、五枚、あるいは一枚二枚とガラスの寄付を受けた。すでにガラスは統制され自由に買えなくなっていた。各自が現在使っているものを外していただいてくるのである。

奉告祭を控えて新しい畳も入り、真柱様お迎えの準備から食器までも内地から取り寄せた。客間は寝台式で、玄関の下は冷蔵庫室になっていた。中樺分教会の五十嵐正雄氏の大阪の親戚から白鹿四斗樽一廷お供え、ほか薦被《こもかぶ》りのご神酒お供えが沢山あった。

奉告祭は目の前であった。

大正八年十一月、北湧《ほくゆう》分教会役員、前川鎌太郎氏が樺太布教を志して渡樺した。数年後事情にて帰国したが、その後を甥《おい》の前川正太郎氏が代わり着任して大正十四年、留多《るた》加《か》分教会を設置している。

その人たちを頼りに大正十一年六月に渡樺した人に、秦野栄九郎氏がいた。秦野は豊原から北に十五キロの豊北《とよきた》村に移住し、未公認の豊北布教所を開設した。秦野の長女は樺太分教会四代会長、平井雅男氏の妻女、春美夫人である。

秦野の子の一正氏が当時の様子など長文の手記として残しているので、一部を掲載する。

一正は、北海道在住時は紋別郡生田原町で生活をしていた。

「当時はまだ稚内港はできていないので小樽からの出港で樺太大泊港までは三十時間も掛かった。一度小樽を出港した連絡船はシケのため小樽に引き返した。三等席の船室は船が揺れる度に『ゲイゲイ』と戻す人が多く居て不安な顔を今も覚えている。―中略―

樺太豊原郡豊北村川上本川上に一家は落ち着いた。豊原から北に十五キロの六十数戸の村である。この所より更に北に数十キロの処に三井系の川上炭鉱がある。石炭輸送のため私鉄が設けられて一日幾度となく石炭が運ばれる。その中に朝昼夕の三度客車が連結されて沿線の人たちの便が計られていた。当時の豊原は人口数万人になった。樺太庁の置かれている所で碁盤の目の様に道路がつけられ札幌市を小さくした様な町で、大通りは七十メートルの巾があって整然としている。東約六キロの所に山があって樺太神社がある。大通りが中心となって、東西南北と一丁毎に路《みち》が整理されている。村の人たちは炭鉱の鉄道を利用してこの町まで買い物に行く。片道一時間ほども掛かる。六十数戸の村人は開拓精神に燃えがんばっていた。一戸分は七町五反で申請すれば幾らでも払い下げいただける。地代は一坪当たり一〜三銭である。そのほかに宅地として一戸当たり二反が与えられる。

秦野の家は此の村から約二キロ南の一軒家で、西側は小高い丘陵《きゅうりょう》が続く。二十三万千坪として牧場で申請払い下げを受けた。父は村の人たちの手助けを受けて、二十坪ほどのバラックを建てて一時落ち着き、秋には三間半に七間の家を完成して冬を迎えることが出来た。家畜は馬が二頭で、翌年一頭の子馬が生まれた。

土地は肥えて、開墾すれば数年は無肥料で十分に収穫することができた。お米以外の野菜は穫《と》れた。中でも馬鈴薯《ばれいしょ》は一斗いも、五升いもという位に出来た。一反で七十俵穫った人もあった。鈴谷平野と言って村の西側に鈴谷川が流れている。秋には鮭、鱒《ます》が産卵のため大量に遡上《そじょう》し、春先にはウグイが上がってくる。一日数百匹、三、四十センチの大きい物が獲れた。

春になると一斉に草花が咲き乱れる。網走の原生花園以上である。―後略―」

冬以外の生活は穏やかで、食料も豊富であった様子が窺《うかが》える。

大正、昭和と布教師が新たに樺太に渡ると、必ず平井氏を訪ねたものだという。その時、平井夫人は「とにかく樺太にきたら、石炭か薪を用意しなさい。食べ物より先に石炭か薪ですよ」と初めてきた布教師に教えたという。

特筆すべきは、教祖四十年祭が大正十五年一月十五日、二十日、二十五日と勤められたが、遡《さかのぼ》ること五年前の大正十年十月十日、教祖四十年祭のご提唱があり、教勢倍加運動が目標とされた。この大正十年から十五年の間に樺太にできた教会は三十三カ所にも及んだことである。

樺太布教関係の系統は本島、津軽、神川、佐野原、山名、那美岐、小牧、河原町、兵神、湖東、甲府、嶽東、生野、新潟、平安、豊岡、鹿島、岐美、洲本、越乃國、北洋、郡山、笠岡、白羽、甲賀、網島など二十六系統にも及ぶ。

また、樺太布教で忘れてはならないことは、昭和二十年八月十五日の終戦で、命を懸けて丹精した総ての物を樺太に残して帰国したことである。そして内地で復興しなければならなかったことである。

樺太で設立した教会・布教所と教区人事

教　会（設立場所・系統・設立年・会長名）

○豊原郡豊原市には（中央）

樺太分教会　　本　島　明治四十三年

豊原市　　平井熊之進氏（三代）

北豊原分教会　　甲　賀　大正十二年
　豊原町　　橋本重男氏（二代）

樺豊分教会　　山　名　大正十四年
　豊原町　　西郷儀作氏（初代）

樺浦分教会　　河原町　大正十四年
　豊原市　　末松豊美氏（初代）

豊樺分教会　　河原町　大正十四年
　豊北村　　湯浅寛二氏（初代）

生樺分教会　　生　野　大正十四年
　豊原町　　鈴木しま氏（初代）

豊安分教会　　平　安　大正十四年
　豊原町　　梅津好吉氏（初代）
中樺分教会　　津　輕　大正十四年
　豊原町　　赤塚猶蔵氏（初代）
岩樺分教会　　津　輕　昭和十二年
　豊原町　　斉藤豊太氏（二代）
統北玉分教会　　洲　本　昭和十二年
　豊原市　　玉田キミ氏（初代）
北蝦夷分教会　　本　部　昭和十九年
　豊原市　　岡田佐平氏（初代）

○大泊郡には（亜庭湾側）

南樺分教会　津　輕　大正六年
　船見町　菊地重太郎氏（二代）

神藤分教会　神　川　大正十一年
　大泊町　成田守一氏（二代）

亜庭分教会　山　名　大正十三年
　大泊町　松本岩吉氏（初代）

輝北分教会　笠　岡　大正十三年
　深海村　吉岡吉次郎氏（初代）

大泊分教会　山　名　大正十四年

大泊町　千葉徳治郎氏（初代）

大泊港分教会　湖　東　大正十四年

大泊町　神保與七氏（初代）

大樺分教会　甲　府　大正十四年

大泊町　内田清重氏（初代）

本樺分教会　本　島　大正十四年

大泊町　大上代吉氏（初代）

楠渓分教会　豊　岡　大正十四年

大泊町　田口仁太郎氏（初代）

陽樺分教会　湖　東　大正十五年

大泊町　　西野すゑ氏（初代）

樺島分教会　　笠　岡　昭和十六年

大泊町　　成田平七氏（初代）

樺園分教会　　鹿　島　昭和十八年・復興教会

大泊町　　若松為太郎氏（二代）

○長浜郡には（亜庭湾側）

遠淵分教会　　嶽　東　昭和十五年

遠淵村　　千葉八百吉氏（初代）

○留多加郡には（亜庭湾側）

留多加分教会　　小　牧　大正十四年
　留多加町　　前川正太郎氏（初代）
千代樺分教会　　新　潟　大正十四年
　留多加町　　山田奥蔵氏（初代）
本樺太分教会　　洲　本　大正十五年
　三郷村　　谷口安太郎氏（初代）
登龍分教会　　洲　本　昭和三年
　能登呂村　　秦野鹿太郎氏（初代）

○真岡郡には（西海岸側）

清坂分教会　　嶽　東　大正十四年

清水町　　　海老名三郎氏（初代）

西樺太分教会　兵　神　大正十四年
広地村　　　廣田市五郎氏（初代）

真光分教会　那美岐　大正十五年
真岡町　　　泉波鉄蔵氏（初代）

真岡分教会　白　羽　大正十五年
真岡町　　　石山忠吉氏（初代）

北真岡分教会　津　輕　昭和十二年
蘭泊村　　　平中辰雄氏（初代）

○野田郡には（西海岸側）

野田寒分教会　佐野原　大正十三年
　野田町　久保寺ハツ氏（初代）
小能登呂分教会　佐野原　昭和八年
　小能登呂村　吉村巳之吉氏（初代）
○本斗郡には（西海岸側）
本斗分教会　那美岐　大正十三年
　内幌村　五十嵐仁三郎氏（初代）
樺西分教会　津　輕　大正十四年
　本斗町　出町要三氏（初代）

内幌分教会　　　岐　美　大正十五年
　内幌村　　　佐藤為右衛門氏（初代）

○泊居郡には（西海岸側）

南樺太分教会　　佐野原　大正十四年
　泊居町　　　久保寺直次氏（初代）

泊居分教会　　　本　島　大正十四年
　泊居町　　　梨羽博樹氏（初代）

西樺分教会　　　湖　東　大正十四年
　泊居町　　　澤田くに氏（初代）

利居分教会　　　北　洋　昭和九年

泊居町　　佐藤トミヲ氏（初代）

久春内分教会　佐野原　昭和十五年

久春内村　明田川志加能以氏（初代）

○名好郡には（西海岸側）

恵須取分教会　網　島　昭和五年

恵須取町　並河仁助氏（初代）

水恵分教会　津　輕　昭和八年

恵須取町　横山三保治氏（初代）

園樺分教会　郡　山　昭和九年

名好村　上田はる氏（初代）

上恵須取分教会　嶽　東　昭和十年
　恵須取町　山崎準一氏（初代）

樺恵須分教会　嶽　東　昭和十年
　恵須取町　千葉市松氏（初代）

樺恵分教会　大　垣　昭和十一年
　恵須取町　江草荒次郎氏（初代）

本樺恵分教会　佐野原　昭和十五年
　恵須取町　瀧澤貞太郎氏（初代）

○榮浜郡には（東海岸側）

北樺分教会　津　輕　大正十三年

落合町　金子直太郎氏（初代）

水榮分教会　津　輕　昭和九年

白縫村　井上タミ氏（初代）

○敷香郡には（東海岸側）

敷香分教会　兵　神　昭和十八年・復興教会

敷香町　橋本市馬氏（初代）

○元泊郡には（東海岸側）

知取分教会　河原町　昭和六年

知取町　宇野ナヨ氏（初代）

元泊分教会　越乃國　昭和九年
　元泊村　武田市治郎氏（初代）

以上、樺太には五十五カ所の教会が存在していた。

　布教所（教会系統、担任者、所在地）
東の部（東海岸側）
中川布教所（南　海）中川　彦三　敷香
橋　布教所（津　輕）橋　　久　敷香
阿部布教所（名　京）阿部市太郎　知取
加藤布教所（水　口）加藤　ひさ　知取
千葉布教所（不　明）千葉　利重　知取

谷　布教所（那美岐）谷　徳平　知取
工藤布教所（那美岐）工藤　徳治　知取
野木布教所（洲　本）野木　辰雄　内川
佐々木布教所（水口）佐々木すゑよ　本泊
高松布教所（新　潟）高松　リヨ　留多加
武曽布教所（湖　東）武曽　タミ　豊原
河辺布教所（新　潟）河辺兵次郎　小沼
水島布教所（郡　山）水島　キリ　知取
川瀬布教所（本　島）川瀬清次郎　内路

西の部（西海岸側）

今　布教所（津　輕）今　あね　内幌
池　布教所（不　明）池　マス　内幌
田中布教所（那美岐）田中末太郎　阿幸

葛西布教所（那美岐）　葛西　清三　知根平
大西布教所（阿　羽）　大西　フジ　真岡
市村布教所（阿　羽）　市村喜八郎　真岡
松並布教所（水　口）　松並　フサ　真岡
三橋布教所（津　輕）　三橋　タカ　真岡
日代布教所（日和佐）　日代　良蔵　真岡
山下布教所（那美岐）　山下　丈夫　蘭泊
向山布教所（那美岐）　向山　マツ　泊居
上館布教所（水　口）　上館　スエ　珍内
高政布教所（日和佐）　高橋政治郎　恵須取
鳥居布教所（津　輕）　鳥居　文弥　恵須取
工藤布教所（津　輕）　工藤　章彦　恵須取
宇野布教所（津　輕）　宇野勘四郎　恵須取
古屋布教所（洲　本）　古屋　サイ　恵須取
高橋布教所（那美岐）　高橋小太郎　塔路

東の部・十四カ所／西の部・十八カ所。
布教所・計三十二カ所。その他未公認布教所多数あり。

昭和十七年当時の樺太教区の人事

教区長
北蝦夷　岡田佐平

教区主事
豊　安　梅津好吉
真　岡　石山忠吉
樺　浦　末松豊美

豊　樺　湯浅寛二
恵須取　並河仁助

地方委員

南　樺　赤塚猶蔵
留多加　前川正太郎
北　樺　金子直太郎
樺　西　出町要三

後編　教会史

本島系

本教で、最初に組織を持って樺太に布教に出た一団があった。樺太布教の先駆者、宇野又三郎氏である。明治四十二年のことである。

当時の宇野氏の手記によれば、京都から小樽までの汽車、乗船代が三等で九円九十八銭。小樽から樺太南端の大泊間の船代が四円。大泊から豊原まで約十里（四十キロ）を三時間というノロノロ軽便鉄道で七十銭。宿代は内地より高く上等が四円、三等が一円。下宿代が三食付きで一カ月十五円。日雇い人足が日給一円。大工、木挽《きび》き、左官は一円五十銭であった。

明治四十五年、樺太庁から出版された『樺太要覧』の神道《しんとう》の記述の中で本教に関しては、

「明治四十二年八月、訓導《くんどう》一名渡来《とらい》し、豊原及び付近の村落において布教につとめ、翌四十三年九月、大講義一名渡来し、樺太宣教所を豊原に設けて教義の拡張に従事せり、布教師二名、信徒二百十五人」

とある。

この文中に、「明治四十二年八月訓導一名渡来」とあるが氏名は不詳。翌四十三年に大講義一名渡来、とあるのは越乃國の宇野又三郎のことである。

越乃國三代会長に就任したばかりの河原町の承事、宇野は本島の片山好造氏と樺太進出をはかり、日露戦役終結直後に樺太に渡って事業をしていたという住吉幾松と連絡をとり、渡樺《とか》。

この間のことを、宇野の日記には次のように記してある。
七月十一日　樺太宣教所設置の件につき、御本部へ出張す。管長様より御満悦の有り難きお言葉を頂戴せり。
七月十三日　朝鮮京城へ片山殿に打電せり「カラフトイキイソグイッカエルヘン」。午後六時返電あり。「デンミタ17タッ」
七月十八日　河原町大教会直轄樺太宣教所を越乃國分教会の資金にて設置し、京城の菊野、越乃國の西野、和岐の中谷、尾崎の四名聯合《れんごう》して役員と定め、設置なることに相極まる。
午後二時半、朝鮮より片山、大熊、菊野の三氏来京。
七月十九日　朝鮮片山、大熊、菊野三氏と宇野、西野、中谷、尾崎、西野こう八名立ち会いで樺太の件につき談じせり。
七月二十日　片山、大熊、菊野の三氏来宅。越乃國山本役員午後二時来訪、樺太の件、談じ。
七月二十一日　午後より京城片山、大熊の両氏と共に越乃國、財政につき種種協議す。
七月二十六日　午前九時京都駅発、樺太行きのため乗車、出発人員は左記の九名。

昭和八年、樺太分教会にて教義講習会。前列中央は
本部から派遣の島村国治郎氏、右は村田勇吉氏

宇野又三郎、住吉幾松、山本豊吉、片山好造、菊野豊吉、中谷吉次郎、尾崎与惣次郎、西野音松、高見。

樺太《からふと》分教会

樺太分教会の平井雅男の手記によれば、「越乃國の宇野又三郎先生が高橋役員と同道して教内人として明治四十二年に初めて樺太に渡られた。宇野先生と友人関係であった時の樺太庁長官、平岡定太郎から、豊原で布教してみてはと勧められ、明治四十三年八月十六日付けで本部のお許しをいただかれ、豊原市西一条南二丁目に敷地五十坪余りの家を借りて樺太の名称の理をいただいた。地方庁認可は同八月二十二日。宇野先生から本島に、本島は海外布教に慣れているから本島に委《まか》せたいといわれ、樺太は明治四十五年八月に二代会長として片山好造先生を迎えた」

とあるが、宇野又三郎、片山好造の両氏はともに明治四十二年に越乃國三代会長、本島二代会長に就任しているから、樺太の会長は兼任《けんにん》であった。

宇野は教会を留守居にまかせてほどなく帰会したが、『みちのとも』でもこれを大きく報道し、明治四十三年十一月九日付けの『みちのとも』には、左記のように掲載されている。

「……本誌前号所載の『布教的移民地としての樺太』なる記事は教内有志の大いなる注目する処となり敷島部内より三十戸、河原町部内より四十戸、その他合わして百戸ほどの移民希望者生ずるに至れるが、これらの人びとは明春、気候温暖の候をまちて大挙《たいきょ》移民する由、これがため河原町役員宇野又三郎氏は来訪者引きも切らずに多忙を極めつつあり。因《ちな》みに河原町よりは去る月、さらに十名の布教開墾者を彼の地に向けて出発せしめたり……」

しかし、せっかく設立した樺太分教会の人たちや一攫《かく》千金を夢見て開拓に移住した人びとも、言語に絶する厳寒のため、しばらくは新開地景気で賑わしたものの、二、三年後には幻滅の悲哀が身にしみて内地に引き揚げた。

樺太分教会にも、河原町部内の布教師が京都府下から次々と渡樺したが、

「教会設置まえは教祖のひながたとして多少、社会での中傷的迫害にも遭い、嘲笑《ちょうしょう》罵《ば》倒《とう》も受けしが、着々と実績を収め信者の増加に伴いて社会よりの受ける迫害は実に些少なりしも、此に天然自然の迫害（厳寒の地である）を受けるに至り。此は余事にあらず、土地の不振に伴いて熱心なる信者は他の土地に移住するものもあり、或いは不況に伴いて経済上の不用意より、信者間に色々事情百出し、一時盛況も社会の不況とともに益々盛んにならねばならぬ教会も一時に此の努力を失い、根本より覆《くつが》やされんとしたり」

（北海道教務支庁所蔵の資料より）

とあるように、ついに宇野又三郎は、海外布教に慣れた本島の片山好造にすべてを任せることにした。そこで本島二代会長片山好造は現職のまま、明治四十五年八月二十日、

樺太分教会の二代会長を兼任することとなった。

それと前後して本島の布教師、向所虎吉《むかいじょ》氏が豊原に渡った。片山好造が本島に帰った後を任されたのが向所氏であった。

向所虎吉のこと

香川県本島の隣村茂浦の漁師、向所虎吉夫婦が佐藤栄佐氏から盲目になるいんねんを諭され信仰を始める。明治三十六年である。

ある時、虎吉は大切な証拠守りを失って大騒ぎしているとき、その前年から佐藤に導かれ、白熱した信仰を身につけていた片山好造が訪ねてきて、

「本島の教会設置の件で当局から却下《きゃっか》されたので再出願せんならんが、費用が足りない。お前の船を売ってお供えしたらどうだや」

と言われて、心定めをしたら証拠守りが出てきた。ところが心定めしたものの、一隻

の船は向所家の命の綱で、ついそのままにしていた。その十日後、隣家の竹内ヒツノの頼みで石材を積んで坂出の近くまで竹内親娘を乗せて船を出すことにした。ところが本島布教所の真南の沖に差しかかったところ、突風で船は転覆《てんぷく》、三人は船底にかじりつき、夜八時ころから真夜中の冬の海を漂流《ひょうりゅう》した。だんだん薄れていく感覚の中にフッと片山の顔が浮かんだ。無意識のうちに向所は叫んだ。

「南無天理王命！　片山さん、船をお供えします。神一条になります」

虎吉は明治四十五年春、天理教校別科三期を卒業。その年七月九日、片山の命《めい》で、妻子を残して豊原に渡ったのである。

豊原の樺太分教会についた向所は焚《た》くものも無い中、ケットを被《かぶ》り、ツマコをはいて布教した。北海道教務支庁所蔵の書類には、

「樺太島に布教に派遣したるものは現本島支教会理事を務める向所虎吉氏一人を残して他は全部内地布教のために引き揚げの止むなきに至れり。一人残りたる向所氏はその後、黙々として此の難事と戦ひ、従来発展の時は社会の嘲笑のなかりしも偏廃《へんはい》に傾くと共に大いに嘲笑を加えるに至り、実に容易ならざる苦心をなめしも克く道の真理を体得し、

初心の貫徹に努めたる結果、克く機会に熱心なる信者を五、六〇戸を得るに至り、漸《よう》く在留民にも真の価値をみとめらるに至れり。加えるに本島支教会片山好造氏の年二、三回の巡教は偉大なる功を奏し、越へて大正三年、本島支教会の命《めい》に依り向所氏は引き揚げて本島支教会従事となり、その後を追って平井熊之進が来樺し、所長片山好造氏の留守担当となりて、先輩の意志に基づきて大いに努力したり」

と誌されている。

向所が本島に帰会し、その後に平井熊之進が大正三年五月十日、樺太の三代会長に就任し、六月に樺太に渡った。

平井は山口県大島郡久賀町新開で明治五年に生まれた。家代々の大工業を継ぎ、若くして外務省に雇用され、オーストラリア・シドニーで砂糖会社のふしんを頼まれ、五十人余りの大工の棟梁《とうりょう》として三年間、彼の地に滞在している。そのころの平井は普通の大工の日当の十倍の五円五十銭をもらっていた。帰ってからウメと結婚。その後朝鮮に出稼ぎに行ったが長男雅男が六歳の時、長女アサヨが三歳の時、ウメと死別。京城で働いているとき、母アサの親戚、田淵音松氏（明治四十三年に京龍《けいりゅう》宣教所を設立）からにおいがけされ、京城の信者として信仰が深まり、おさづけの理を拝戴してから道一条となり、京城大教会の妹尾喜代治氏と朝鮮の忠清南道太田に布教に赴き、太田で教会設置準備のため、たびたび郷里の久賀に帰国、そのたびに山林、田地がなくなった。

朝鮮太田での布教が実り大正元年九月、太田宣教所を設立。妹尾が会長となり、平井は布教のかたわら大工として事情働き。大正二年イマと再婚。

大教会から樺太分教会長を任命された平井は、ひとまず郷里久賀町に帰り、長男雅男を山口の大工のもとに弟子入りさせ、母アサは永平寺の東京出張所に勤めている弟の田中大禅に預け、家屋敷を売却し、長女アサヨ、後妻イマと連れ子のマツエを同道して豊原に向かった。

小樽から大泊に渡り、大泊から鉄道馬車で豊原についた。教会は六畳二間の借家で狭《きょう》小《しょう》を感じ、豊原町大通り南七丁目に六百二十四坪を払い下げしてもらい開拓にかかった。大通りといっても熊が出るという原野でロスケ作りの小屋を作ったが、座ったまま手を伸ばせばワラビが取れるという全くの荒廃地。寒さのため手足が凍傷にかかったり、さんざんの辛酸《しんさん》をなめつつ、ついに開墾、開拓の報償として半分の三百十二坪が無償で手に入り、八十坪の教堂をふしんした。これは樺太の教会で一番大きな教堂となった。この南通り七丁目一の三に移転、お許しは明治四十五年七月二十八日。大正九年の記録によれば信者戸数百五十戸、信者三百四十六人、教人二十名、ようぼく六、七十名と称している。

復　興

終戦となり、平井夫婦は孫二人とともに昭和二十年八月十九日に引き揚げて本島大教会に落ち着いた。夫婦は翌二十一年一月、ともに大教会で出直した。夫婦が内地に引き揚げた後は長男雅男夫婦が樺太分教会を守った。

昭和二十二年七月、雅男夫婦は真岡に集結して函館に帰国した。荷物を北開《ほっかい》分教会に預けておぢばに帰り、初めて両親の出直しを知った。大教会に一カ月滞在して後に北海道網走市に向かい、引き揚げ寮に入居して復興に努力。引き揚げた信者が四、五人いる青森市を中心に布教。昭和二十六年、長谷直氏を会長にして部内本陸奥《ほんむつ》分教会を設立。

昭和二十六年九月、美唄市に教会を移転復興して現在に至る。

泊居《とまりおる》分教会

大正十四年十一月三日に、梨羽博樹氏が泊居の名称の理を戴いた。

広島県出身の梨羽氏は、有数の財産家だったが大酒のため失敗、北海道から樺太に流浪、豊原町郊外で農耕に従事。作っていた木炭を町に売りに出ていたが、樺太分教会もお得意先の一軒だった。

大正八、九年ころ、長女が骨膜炎を患ったとき平井熊之進ににおいがけされた。ご守護をいただけずに出直した長女は、「私に代わって信仰を続けてくれ」と遺言、梨羽は熱心に布教に励んだ。泊居郡泊居町松ヶ枝に百五十八坪の土地、三十坪の家を十五円で借家。大正十四年十一月三日、泊居《とまりおる》の名称の理を拝戴。

有力な信者がつき、月次祭には五十人ぐらいの参拝者があったが、子息のある事情から信者は離れた。梨羽夫婦は長男のもとに身を寄せ、梨羽は昭和十四、五年に出直している。事情教会になった泊居は熊之進の子息、平井雅男が修理丹精し、昭和十五年五月一日に二代会長に就任。借家も買収した。

復　興

香川県木田郡三木町田中に、泊居を「本田中」と改称し、佐々木タカ氏を会長として復興。

本樺《ほんかば》分教会

父の身上を、本島二代会長の片山好造から助けられた大上代吉氏は、代々の家業の漁師をやめて、先輩の岡崎よねを師として、横浜で五年間布教に従事。いったん本島に帰ってから明治四十二年樺太分教会に住み込み、その設置に尽力。父が老齢で家計をたすけるために二年後には本島に帰った。しかし家事にとらわれてはいんねんが納消されぬ、樺太の土になろうと大正六年、再び渡樺。大泊栄町に借家、ムシロを敷いた住まいで布教を開始。近くの餅屋の釜焚きを朝二時から手伝いながらにおいがけをした。大正九年、身上を助けたミヨと結婚。ミヨは東本願寺派の僧侶、生駒源水と結婚していたが、四児を残されて死別していた。余談であるが、ミヨの長女もとは芸者として満州に転住、昭和十八年に承徳県教会を設立。戦後、「本承徳」と改称して倉敷市で復興している。

ミヨが代吉と再婚したとき、代吉の財産は信玄袋《しんげんぶくろ》と布団一重だけだった。連れ子の武次が木工場で働いて得た食べ物や薪で、やっと飢えと寒さを凌《しの》いだという。苦労が実を結び、大正十四年十一月五日、本樺の名称の理を拝戴した。

その翌年、大泊町大畑に千坪の土地を購入。四間に八間の教堂、二間に五間の教職舎をふしん。月次祭には七十名前後の参拝者があった。

復興

代吉は終戦後の昭和三十二年、本承徳分教会で出直す。終戦の時、武次は豊原市の師団司令部に勤めていたが、ソ連軍侵攻のおり百五十キロの爆弾が投下された中、九死に一生を得る。その十八日には玉砕《ぎょくさい》というので北辺の敷香《しすか》に出動し、部隊の九割が戦死した中これも助かり、引き揚げ後、北海道網走、札幌と転々とした。
現在、札幌市西区宮の沢で大上道徳氏が会長を務めている。

越乃國系

元泊《もとどまり》分教会

昭和九年十月三十日、武田市治郎氏が初代会長として設立された。

武田市治郎は明治十年一月二十日、福井県三方郡耳村官代に生まれる。明治二十四年入信、斯道会《しどうかい》四百四号講社に入社。木山《きやま》分教会初代山口利右衛門氏のにおいがけによる。

明治二十七年九月、第二千三百十三号講社の講脇として分講する。

明治三十三年、木本布教所設置には信徒総代の一員として名を連ねる。その後役員たちと福井方面、武生方面に布教に出る。

明治三十六年九月二十日、おさづけの理を拝戴する。

明治三十八年、教会事情から農家に戻らず、大正時代に単身樺太に渡る。

料理人となり成功して家族を呼びよせ、料理屋を経営して発展をして支店を持つまでになった。

昭和五年二月、孫が身上となり、医薬の限りを尽くしたが重体となり、医者も手を余した。この時、木山分教会へおたすけを願い出た。

当時木山の会長であった松永七蔵氏が樺太におたすけにきて、真剣におたすけにかかり、入信の元一日に立ち返り、教会設置の心を定めることなどを諭した。

市治郎は心が定まり、直ちににおいがけに出た。次々に不思議なご守護をいただき信者も増えてきた。

その後、自宅を改造して教会設置の運びとなる。店は息子の磯太郎夫婦が経営をして順調に伸びた。

復　興

宮城県登米《とめ》郡迫町森木戸脇で昭和三十五年九月三日、武田磯太郎が復興。現在、京都府舞鶴市で大野愛子氏が会長を務めている。

津　輕　系

本教で四番手の布教師たちの中の一人として渡ったのは、出町《いずりまち》りさ氏であった。出町りさは明治四十四年、長女太田タカ、佐吉夫婦をたよって樺太大泊に渡り、鰊場《にしんば》で仕事の傍ら布教をした。佐吉、タカ夫婦は鰊場の漁師として働いていた。

津輕大教会の葛西《かさい》亦蔵氏のおたすけは二、三回のおさづけ取次ぎでたいがいの病気は助かった。
当時、葛西の家にはその評判を聞き津軽一帯から肺結核、ハンセン病など重病人が馬や荷車で運ばれ、常に四、五十人が藁《わら》を敷いた土間に寝泊まりして、藁をもつかむ思いでいた。夜も昼もなかった。この人たちにいんねん果たしの道を率直に諭し、粗食の修行をさせ、朝から晩までひたすら神名を唱えさせ、おつとめの時には百名を超す人であったという。西津軽郡水元《みずもと》村に住む乗田豊吉氏もハンセン病で困っていた。乗田も葛西亦蔵に助けられて熱心な信仰者となり、猛烈な布教をして水元分教会の基礎を作った。

出町りさは水元村の人で、夫源蔵は地主で県会議員で県の参事も務めていた。四人の子供がいた。長女タカ、長男の次郎作、次男の要三たちである。

明治四十二年、りさは西津軽郡の山形温泉へ湯治に出かけた。そこで湯治客《とうじきゃく》より、不思議な神様を信仰している人がいると聞き訪ねた。そこには葛西亦蔵が布教をしていた。

葛西家には病人が列をなし、物売りの屋台店が出るほどであった。ここでは斉藤常太郎氏、菊地重太郎氏と出町源蔵、りさ夫婦が、その不思議なおたすけをいただいて入信した。りさは立場や生活には不自由がなかったが眼病、子宮病を患い、体が弱かったのと、長男次郎作（当時六歳）が生まれつき体が弱かったことが入信の動機であった。

その翌年、七歳の次郎作を葛西亦蔵に預けて樺太布教に出た。時に出町りさ三十八歳であった。布教が目的で樺太に行くとは主人に内緒にしていたようだ。夫の源蔵から「帰ってこい」との矢の催促があり、数名の信者も出来たので、布教師を派遣してほしいとのことで、菊地重太郎が派遣された。

菊地は西津軽郡稲垣村の人。稲垣村には斉藤常太郎がいて、この人も乗田ににおいがけされて入信していた。その後、事情が出来、乗田は道を離れた。事実上斉藤常太郎が水元の中心となり、菊地重太郎はその一の信者であった。菊地は派手な性格であった。

菊地は小樽から船で一昼夜かかって樺太大泊についた。まだ日本人も少ないところで、家といっても棒で筵《むしろ》を支えるといったムシロ小屋で、そうした一軒、船見沢通りに住む片岡某をにおいがけした。

菊地は五尺一寸ぐらいの小男で、いたって風采《ふうさい》が上がらない。しかも物乞い同様の姿で、字はカナしか読めないほど無学だったが、水元で教理を勉強していたので教理には明るかった。片岡は夜遅くまで菊地の教理に耳を傾けた。ところが深夜になっても帰る様子もなく、それで家がないのだと気づいた。一緒に寝泊まりするようになって草鞋をぬぎ、そこを根城《ねじろ》に布教を開始した。

菊地の熱心さで大正六年一月三十一日、大泊船見町東三条通り二十七に百五十坪を借地して四間半に六間の神殿、四間に七間の教職舎という当時では大きなふしんをした。

この菊地重太郎が、樺太の道の上において勤めた功績は多大である。

南樺《なんか》分教会

大正六年一月三十一日、樺太大泊郡大泊町大字大泊字船見町東三条十八番地、担任は斉藤常太郎氏（水元初代）で南樺を設置した。菊地重太郎（二代）にはまだ教導職がなかった。

北樺《ほっか》分教会の金子直太郎氏の手記によれば、

「明治四十三年に樺太教会を豊原に設置。その後、平井熊之進が布教に専務。追々、大泊にも布教師が入り、細々と布教が始められたが、布教師の医薬妨害問題により、一時布教熱が停滞。大正三年頃に至り、津輕の菊地重太郎、熱心なる一信者を土台にして布教開始。大正六年、重太郎、教導職無きため、上級水元の役員が南樺教会の初代となる」と誌されている。

亜庭湾のほぼ中央部奥にある大泊全景

菊地の信者に赤塚猶蔵という人がいた。樺太でにおいをかけられた人である。赤塚猶蔵が三代会長、その後継者赤塚清（旧姓五十嵐）が四代会長となった。

赤塚清氏の話。

「赤塚家は子無しのいんねんで代々養子、私で六代目になると父は話をしておりました。私が養子になる前に、父の実家から養子を貰ってきたのですが、骨盤カリエスという病で十八歳で亡くなりました。その病気で苦しんでいるときに、信仰していた母の親戚からにおいがかかり、その子が教会に迎えられて一年ほど病床について出直した。その子が父に『僕が死んだら、この道を通ってください』と言って死んでいったので、三井物産につとめていたのを辞めて教校別科へ入学したそうです。卒業後道一条になって、樺太の豊原へ布教にきたのです。それは大泊にあった南樺の信者で、豊原ににおいがけに行っていた人が新潟に帰国したので、その後を引き受けるために出かけてきたのです。それが私が赤塚の養子になった縁のゆかりになったのです。しかし父は、津軽部内で〝たんのうの赤塚〟と言われるほどのたんのう深い人であったのです」

大正六年、菊地が大泊で南樺の教会を設立してより、赤塚猶蔵夫婦は南樺に住み込んだ。

豪快な布教を続けていた菊地は、昭和六年八月十二日六十二歳で出直した。菊地の数奇な生涯は樺太伝道の上に大きな足跡を残した布教師として語り継がれるべきであろう。

菊地の妻ハルはほとんど信仰が無く、二人の間に生まれた何人かの子が身体障害者で夭折《ようせつ》したため、キエを養女にした。キエは後にトキ、つや子の二児をもうけた。

妻ハルは、夫のあとを追うように昭和八年七月に出直した。

復　興

四代会長赤塚清は昭和三十年六月二十四日、新潟市学校通り二番町にて復興。現在、新潟市北区で赤塚厚氏が会長を務める。

中樺《ちゅうか》分教会

豊原の地で、赤塚夫妻は大正十四年十一月八日に中樺を設立。

そのころ北海道教区長の板倉槌三郎先生の巡教があり、南樺では三百人の信者が集まったという教勢であった。しかし一時教会は抵当流れとなったが、勢いを取り戻し、大泊船見町東二条三十六で、信徒総代満仁谷松太郎氏の土地百二十五坪を借用し、七十五坪のふしんをした。

昭和六年八月十二日、豪快な布教を続けていた菊地は六十二歳で出直した。

菊地が出直した後、南樺は中樺の初代赤塚猶蔵が三代会長となり、中樺は五十嵐正雄氏が二代会長に就任する。

五十嵐正雄・清兄弟の父親である五十嵐万蔵氏は、秋田県能代出身で大工。明治三十九年二十歳の時、ひと稼ぎ組となり大泊から十里東の漁村長浜村に渡り、網元のお抱え大工となる。妻スイとの間に生まれた正雄八歳、清四歳の時、豊原に王子製紙工場が出来たので奉職《ほうしょく》。

入信は父万蔵と母スイ。母スイの三十一歳の時、肺の病に罹《かか》り養生していたが、妊娠したのを機に急に悪くなった。その時、菊地に手びかれ、南樺に住み込んでいた菅原千代野氏からにおいがけられ、「別科に行けば必ずご守護いただける」と勧められ、反対する夫が会社に出た後、五人の子供を残して一人おぢばの教校別科に向かった。

教祖五十年祭当時のエピソードの一つを赤塚清は、

「一ト月おきぐらいに上級、その上の津軽、中和からご巡教です。私方の教会も苦労時代、三日間以上もご飯にありつかないのに、先生方がおいでになるとヤレ魚だ、ヤレなんだとご馳走するのです。私、子供心に天理教はなんであんなことするのかと反感をもったもんです。しかし先生方は、お供え金が出来るまで何日間もお泊まりでテコでも動かれませんでしたよ。仕込む方も仕込まれる方も、懸命だったんですね」

当時、おぢばへはソ連との国境に近い西海岸側の恵須取《えすとる》から大泊まで船で一昼夜半（二十数円）かかる。大泊から再び船で小樽へ。シケないときで一昼夜以上。小樽から函館に出て、青函《せいかん》連絡船に乗って始めて内地の土を踏むという大変なものであった。だいたい豊原から上級教会を経由しておぢばに帰り、おさづけの理を拝戴して帰国するのに旅費など一切で百五十円はかかったという。

復　興

中樺分教会は、北海道士別市大通り北一丁目一六〇一番地二〇にて復興。現在は五十嵐道廣氏が会長を務める。

北樺《ほっか》分教会

北樺を設立した金子直太郎氏は、明治三十年八月秋田県で生まれた。六歳の時、父直次、母ミテとともに北海道礼文島に渡った。直次は鰊漁に従事。四年後一家は樺太大泊に移住。直太郎十五歳の時、父直次は四十二歳で出直した。残された母ミテは猿田滝之助氏と再婚。直太郎が日本郵船大泊支店から王子製紙工場に勤めるころ、ミテは子宮癌となり菊地重太郎にたすけられた。

ミテ夫婦は夏は漁業に、冬は山仕事だった。直太郎は南樺分教会より工場に通勤していた。中和大教会の植田楢松二代会長が南樺に巡教の折、三十歳の時に「大節」がくるので信仰の道に進むように、と仕込まれた。

大正七年、直太郎が二十二歳の時、十八歳の猿田サトと結婚。栄浜《さかえはま》郡落合町の富士製紙に転勤。大正九年、生まれた長男一雄の両眼が失明すると医師から宣告されて道一条を決意。十日で一雄はご守護をいただいた。

大正十年秋、直太郎はおぢばに初参拝、おさづけの理を拝戴。そのころから両親が不仲となり、家庭が治まらず、いんねんを悟って親に無断で、落合町南十六線に三間、十円の家賃で借りて布教開始の準備にかかった。

母ミテはついに滝之助と別れ、落合の直太郎の元に身を寄せ、そこで漁師荒木三之助と再婚。息子の直太郎に勧められ、二人はおさづけの理を拝戴。信者が多くなってきたので道一条となり、同地で大正十三年、北樺の名称の理を戴く。しかし、義父三之助が猛反対のために信者が寄りつかず、家賃も一年余りたまり、家主が「俺の顔で寄付を募ってやるから一緒に町内を歩け」と愚弄《ぐろう》したり、さんざんな辛酸《しんさん》をなめた。

そうした中をたんのう一条で通り、芽が出て町長や富士製紙の次席の応援によって落合通りに二戸分、百五十四坪を無償払い下げとなり、三間半に五間の教堂、二間と四間の付属屋をふしんした。やがて三之助の信仰反対もやみ、昭和に入って教人五名、ようぼく四十名余りが集うという進展ぶりであった。

昭和四年、教会はミテ夫婦や役員に任せ、直太郎夫婦は白浦《しらうら》地方へ。住み込み布教師たちも知取《しるとる》、内路《ないろ》、敷香《しすか》方面に布教に出た。

そこから、後に水榮分教会が生まれた。また旧満州に渡り、牡丹江《ぼたんこう》で加栄分教会の基礎を築いた。

昭和二十年八月二十二日、約千戸の落合町の三分の一はソ連機の空襲で破壊されたが、教会は無被害であった。その二日前、三男鉄美が樺太鉄道に勤めていたので便宜《べんぎ》がはかられ、母ミテ、妻サトと子供六人、孫二人の計十名は、大泊から軍艦で脱出した。稚内へ向かう洋上、ソ連艦の艦砲射撃で千五百人余りが犠牲となった。一家十名は無事青森にある上級水元分教会に引き揚げた。

北樺へ残留したのは直太郎を始め三之助、長男一雄、三男鉄美。直太郎は宗教家の立場を占領軍に説明して接収を免《まぬが》れ、一部屋に入居したソ連軍の軍属夫人の身上をたすけたり、各宗派に呼びかけ、配給物は労働者並という待遇を獲得するなど尽力した。

終戦から八カ月後の昭和二十一年四月、直太郎らは真岡に集結して小樽に帰国。妻子らが引き揚げたサトの姉が経営している釧路ホテルへ向かい、妻子と再会した。

復　興

昭和二十三年、二男光男が勤めている札幌無電局の官舎を根城《ねじろ》に布教を開始。信者たちの連絡、修理丹精などに当たったり、部内水榮分教会を紋別郡湧別村芭露《ばろう》に移転復興。満州から引き揚げた加栄分教会を函館市に移転復興するなどを進めた。

現在、北樺分教会は北海道千歳市富士四丁目で金子光男氏が会長が務める。

水榮《すいえい》分教会

水榮分教会は樺太栄浜郡白縫《しらぬい》村にて昭和九年十一月十五日、井上タミが初代会長として設立。

水榮を設立した井上タミは明治三十八年十一月、漁師の父とともに北海道の江差から西海岸の泊居に移住。この地で入信したと思われる。

復　興

北海道紋別郡湧別町芭露にて稲井澄子氏が移転復興。

水恵《すいけい》分教会

樺太名好郡恵須取町本通りで昭和八年十一月七日、横山三保治氏が水恵分教会を設立。横山は明治三十九年、宮城県から村の集団移住に加わって大泊から豊原に移転。その後、恵須取で布教に専念した。

復　興

青森県むつ市下北町三番十九号にて復興。現在、横山正敏氏が会長を務める。

樺西《かばにし》分教会

出町りさの長女太田タカ、佐吉夫婦が本斗《ほんと》へ渡って布教をし、その後、弟の出町要三氏が出かけて布教の後をうけ、樺太本斗郡本斗町大字本斗畑で大正十四年十二月十四日、樺西の名称の理を設置した。

復　興

千葉県松戸市五香四丁目で、「稲垣分教会」として改称して復興。現在「六実分教会」と改称し、中根康雄氏が会長を務める。

北真岡《きたまおか》分教会

昭和十二年十一月二日、真岡郡蘭泊《らんとまり》村富内にて平中辰雄氏を会長として名称の理を戴く。

間宮海峡に面している蘭泊村は人口六千ほどの村落。平中氏は村中はもちろん近隣の村にも布教の足を延ばした。

復　興

北海道札幌市東区北一四条二丁目にて、「六華分教会」と改称して復興。現在、奥村尚人氏が会長を務める。

岩樺《いわかば》分教会

樺太豊原郡豊原市西七条南二ノ一五で昭和十二年十月四日、三浦留太郎氏が初代会長として設立されたが、二、三年で事情教会となり、斉藤豊太氏が移転改称して真岡郡蘭泊村島泊一一六にて「水光分教会」として復興。

復　興

青森県五所川原市敷島町雛田町三三ノ一一にて昭和二十七年七月二十八日、移転復興。現在、同市で秋本博子氏が会長を務める。

洲本系

本樺太《もとからふと》分教会

樺太の道の草分けの時期、布教を目的に渡樺した最初の人に、原口平八氏がいた。移転する前の、洲本大教会の構内にあった手洗鉢《てあらいばち》を造って献納した石工であった。

明治三十六年ごろ、妻ソノと子供を連れて北海道の倶知安町に入植。洲本から離れたので信仰は一時中断した。ところが倶知安町に高安系の三倶布教所があり、三倶の上級教会が同じ洲本の淡路三原宣教所であったところから、三倶では原口氏を知り、洲本大教会長松村隆一郎氏の口添えもあって、原口は再び三倶について信仰を始めた。

日露戦争直後というから明治三十八年末か三十九年初めだろう。原口は布教の目的で樺太に渡り、留多加郡三郷《さんごう》村多蘭内に出た。

ここは五、六十戸の漁村だが亜庭湾に面し、木材の流通場として宮港と呼ばれ、出稼ぎ人で活気を呈していたという。

原口の布教によって何人かの信者が出来たが、お供えがない。三倶布教所に送付方を依頼したが、幾十日待っても届かない。業《ごう》をにやして洲本大教会に頼んだところ、すぐに送ってきた。そこで元来が洲本で信仰していたので洲本に復帰した。

大正初めごろには二十名余りの信者が出来たので講を結び、大正二年、樺太三郷村布教所を開設した。原口はその後まもなく出直した。享年六十七歳だったという。

残念なことに、この布教所は本部からも地方庁からも認可されていない。もし認可されていたなら、樺太では二番目の教会になっていただろう。

その後、生前の原口氏からにおいがけされた一人に谷口安太郎氏がいた。

谷口は明治二十四年九月二日、三重県にて出生。後年樺太に移住して暮らす時、母の身上を原口にたすけられて入信した。その後自身も次々と身上を見せられたが、不思議なたすけをいただいて、原口とともに布教に従事した。大正九年十月、おさづけの理拝戴。大正十一年、教校別科卒業。大正十五年二月一日に留多加町多蘭内で南樺太分教会を設置した。

昭和八年十月三十日、南樺太の名称を「本樺太」に改称する。

復　興

昭和二十六年四月十八日、北海道帯広市に移転。昭和三十三年、北海道美唄市に移転。初代会長の谷口安太郎は昭和三十四年九月三十日に出直した。享年七十六歳。

昭和三十五年一月二十六日、部内教会登龍の初代会長、秦野鹿太郎氏が二代会長として「本樺太」を「本登龍」と改称しお許し戴く。

北海道蛇田郡蛇田町字入江にて復興。現在、同地で秦野聖一郎氏が会長を務める。

登龍《とうりゅう》分教会

登龍分教会は、本登龍の部内教会として、秦野鹿太郎氏によって留多加郡能登呂《のとろ》村雨龍浜北一〇一で昭和三年十一月十九日、設立された。

秦野鹿太郎は明治二十年十月二十四日、徳島県那賀郡大野村に生まれ、大正十年五月に樺太に渡る。若くして神仏に関心を持ち、大本教の修行者であったが、同年、谷口氏と出会い、元初まりの話に感服し、その場でたすけ一条の道を通る心を定め、大正十四年、天理教校別科卒業。昭和三年に登龍分教会を設立した。

復　興

北海道紋別郡遠軽町生田原で「登龍」を「北の王分教会」と改称して復興。現在、秦野王佐丸氏が会長を務める。

統北玉《とうほくたま》分教会

札幌の統北分教会の部内教会として、統北玉は昭和十二年十一月二十七日、玉田キミ氏によって豊原で設立された。

統北玉宣教所の初代所長玉田キミは元治元年十月十七日、愛媛県越智《おち》郡朝倉村で生まれた。嫁いで岡山県浅田郡金光町に移住していたが、後に渡道して札幌に住んだ。

大正七年ころ、以前に聞いていた天理教の教えが懐かしく統北宣教所の門をくぐったのが理の繋がりが生じた初めである。

別に身上、事情も無かったが参拝をつづけ、教会の仕込みも胸に治まり、純粋で素直な信仰であった。大正八年二月一日、おさづけの理を拝戴。その後娘夫婦が住んでいた樺太に渡り、豊原町で独り身で一戸を構えた。においがけ・おたすけにもよく励んで無口で理屈も技巧もなく、「朝起き、正直、働き」を信条として身を持って実践。おたすけさえしておれば良いとの信条で次から次と霊救《れいきゅう》の実をあげ、人びとの信頼を得ていた。

このころ、大教会から打ち出しがあり別科生倍加運動に応じて昭和三年九月、六十五歳で四十一期生として教校別科へ入学、翌四年二月に卒業。その後昭和十年ころ、加藤市之助という結核性骨膜炎で医術の限りを尽くしてもなお患部が拡大している身上者をたすけ、別科に入学させた。加藤は不思議なご守護をいただいた。

日を追って堅実に教勢も伸びている中、立教百年祭を目指して、統北の山本角蔵氏からの教会設置のご命を伝えられるや、俄に一層の盛り上がりを見せた。昭和十二年十一月二十七日、樺太豊原市豊原西一条南三丁目に統北玉の名称をお許しを戴き、初代会長に就任した。

これ以前から、キミは娘や親戚たちにも信仰を勧めたいと努力していたが、なかなか真意を理解されず、従来無料であった家屋も、教会設置と同時に家賃を払わなければならなくなるなどしたが、周囲の反対にもいささかも怯《ひる》むこと無く、人の誹《そし》りも意に介さず勤めていた。上級教会の役員池田精一氏の次男を養子に迎えていたが、昭和十九年十二月十日に出直した。

翌二十年八月、終戦を迎えて離散《りさん》やむなきに至った。

復　興

昭和二十三年十月二十七日、統北玉を、神奈川県高座郡相模原町渕野辺に移転して復興、藤井かね氏が二代会長に就任した。

藤井かねは、明治三十八年五月二十三日、岐阜県美濃で、藤井伊三郎、スウ夫妻の四男、四女の長女として生まれる。

昭和八年、家族とともに帯広市に移住したが、末妹の身上を統北分教会の布教師林四郎氏に助けられたのを目の当たりにして、深く感動して入信した。昭和十四年おさづけの理拝戴。昭和十七年に、家族とともに神奈川県相模原市に移住した。

州北宣教所のようぼく平野ミツ子氏は、相模原市で平野布教所を開設し、熱心に布教していた。昭和十九年戦争が激しくなり、平野は帯広市に帰る。この時、藤井かねはその布教所を任されたのである。以来終戦後の混乱の中、布教活動を進めていた。

昭和二十三年五月、修養科修了。昭和二十三年十月、教人となり会長に就任する。

現在、「相模原分教会」と改称し、藤井勝利氏が会長を務める。

佐野原系

樺太で豪快な女布教師といえば野田寒分教会の久保寺ハツ氏といえるだろう。南樺の菊地重太郎が「竜」であれば、久保寺は「虎」、この雌雄竜虎によって樺太の道は大きく伸びたといえるだろう。

野田寒《のださむ》分教会

ハツ氏は神奈川県足柄上郡山田村、川野万右衛門の長女に生まれ、近くの曽我村の農業兼雑貨商の久保寺喜三郎に嫁す。三男三女をもうけたが、明治二十四年、夫が四十二歳で出直し、その翌年、次女つるが十一歳の時てんかんの病となり、同郡金田村ですでに斯道会五百八十号（後の金田分教会）の講脇を勤めていた親類の横山園次郎氏にお道の話を聞いた。

また、この年秋、河原町分教会部内の宇治田原支教会の理事、谷川秀次郎先生、長谷川条治先生が金田に巡教にきた。その時、ハツは本気で信仰をしなければ一家は全滅すると諭された。それから熱烈な信仰を始めた。

同二十七年十一月、三十八歳の時、おさづけの理を拝戴。このころから家事を忘れてたすけ一条に精進するように決した。家は長男の丑太郎に一切まかせた。

神奈川県高座郡田名村で布教して田名分教会の基礎を固め、明治三十一年十二月、岩手県一戸《いちのへ》へ布教に出た。滞在九年で一戸の信仰は隆盛になった。しかしまた、おたすけに強いハツと、教理に強い千村十次郎氏との確執《かくしつ》も出てきたので、北海道に渡道することにした。明治三十九年の夏であった。

ハツが育てた一戸の部下、磯谷に寄り、島牧に、さらに寿都町《すっつ》でも布教した。その時寿都の信者四、五軒の人たちから「樺太は景気が良い」と聞き、島牧の信者が渡樺するというので、ハツは樺太行きを決意したのである。

明治四十年三月、ハツを乗せた船は小樽から真岡に着いた。懐には金八銭があるのみで荷物もなしであった。

まだ日本婦人の姿が珍しいころ、においがけしながら真岡から北上して十二里もある野田寒（後に野田と改名）に出た。九月ころであった。

当時の野田寒は、海岸沿いの山々は全部トド松の密林で大森林であった。村はアイヌ人が十戸ばかり掘っ立て小屋を建てて漁業を生業としていた。内地人は幾軒もなく寂しい土地であった。鱈《たら》、鰈《かれい》、鰊の時期になると、密漁目的で海岸には掘っ立て小屋が四十数軒くらい建った。漁期が過ぎると帰るという寂しい漁村であった。

ハツは、船大工の角寅吉方に草鞋をぬいだ岩森はな（妻女）の親切によって、仕事場の隅に小屋を建てて住んだ。これが野田寒での布教第一歩である。

明治四十一年十一月、電報がきた。

「ウシタロウシススグカエレ」

久保寺丑太郎氏は母の意志を継ぎ母がつけた田名《たな》、津久井《つくい》の道の上につとめた。母の布教先の一戸にも行って、母を助けた。

ハツは急遽帰国した。

丑太郎の一年祭も終わり、再度樺太に渡った明治四十三年の春、山中稀二氏（二代会長山中市太郎氏の父）が第一番で入信した。山中は函館から渡ってきた人で、函館在住のころから北開分教会の初代、高橋多吉氏から神様の話を聞いていた。山中栄作氏も進んで入信した。

ハツは今一度帰国して、再度明治四十四年三月に、野田寒駅前の海岸あたりに小さな家を借りて布教所とした。さらに山中稀二が二間に三間の布教所を建てて献納した。道はますます広まってきた。

このころになると、野田寒は王子製紙の工場が出来た。漁港だったので日本人の行き来があり、信徒が二十軒以上となり、大正十三年一月二十七日、野田郡野田町西三条に百六十坪の土地を求め、五十一坪半のふしんをして野田寒の名称の理を拝戴した。

ハツは昭和二年十月、教え子永山氏の布教先、東海岸側の知取町に巡教中、突然脳溢血で倒れて半身不随となる。昭和十二年十二月二十六日、出直した。八十一歳であった。

復興

終戦後、北海道札幌市南区南三十九条にて復興。現在、横山仁氏が会長を務める。

南樺太《みなみからふと》分教会

大正十四年九月十一日、泊居郡泊居町大字西ヶ原四ノ三に設立した。初代会長の久保寺直次氏は久保寺ハツの三男である。出生地は神奈川県足柄上郡曽我村下大井で、明治三十二年十月、当時出張所である金田の教会に住み込んでいた。

兄丑太郎氏の出直しで、眼が覚めたように熱心になった。未亡人となった久保寺いのと結婚して正夫、千代子の二人の父となったが、結核の身上からハツの導きで道一条となる。

大正二年四月二十四歳の時、母の布教地、樺太野田郡野田町に単身転居して、母の布教援助につとめた。

野田寒から北に二十里進んだ西海岸線の終着、泊居町に布教に出る。泊居は樺太における王子製紙の樺太工場の最初の発展地で、町は活気があった。そこに着目したのが直次だった。年に数回布教に出かけて大正八年、弥《やよ》生《い》町に一戸を借りて泊居布教に専念したのである。

冬期用の薪を準備する南樺太分教会

その後二、三カ所移転を繰り返して大正九年三月、尾上町五丁目にある広い家に移った。

大正十年九月、二十七期生として教校別科入学。

大正十三年十二月、金田に残してきた家族を呼び寄せ、布教に邁進した。

大正十四年九月、南樺太分教会を設置。教勢は盛んで月次祭には七、八十人、大祭には二百人余りの参拝者があったというから、当時の樺太としては五指の内に入る教勢ぶりであった。

直次は昭和二十九年、函館で六十五歳で出直した。

直次の長男の末亡人、久保寺京氏が跡を継いで二代会長となる。

京は終戦直後、樺太でロシア語を話すためソ連クラブに勤めて優遇されたが、ソ連兵が軍靴《ぐんか》のまま神殿に上がろうとしたので叱りとばしたという。何事もひのきしん精神で勤めたのでソ連兵に喜ばれ、二十二年五月に引き揚げる時にはお土産まで貰ったという。

復興

北海道函館市亀田本町三十五の五にて復興。

小能登呂《このとろ》分教会

吉村巳之吉氏が、野田郡大字小能登呂村字下能登呂四十六番地に昭和八年十一月六日、設立した教会である。

明治四十四年春、吉村氏の次男由雄、当時三歳が麻疹《はしか》で野田町の高屋医院に入院すること三十日間、ついには危篤を宣告された。

高屋医師の手だてなく、家に連れ帰れとのこと。このとき知人から天理教の信心をすればどんな病気でもたすかると聞いたのを思い出し、藁をもつかむ思いで子どもを抱いて野田駅前にあった野田寒布教所を訪ねた。布教所で三日間泊まり、おさづけですっかりご守護をいただいて家に連れ帰った。

ところがまたその子が悪くなり、吉村は久保寺ハツ先生におたすけを請いに行く途中、心変わりをして高屋医師の所に行ってしまった。

診察にきた高屋医師は、体中腫《は》れ上がった由雄の姿を見て匙を投げた。吉村は三里の道を馳せ、今度は野田寒布教所におたすけを請うた。

ハツは夜中三里の道を歩き、三回おさづけを取次いで帰った。その夜から由雄は快復に向かい、ご守護をいただいた。

大正十年三月五日、吉村夫婦はおさづけの理を拝戴。

大正十四年十一月、たすけ一条の心熱く小能登呂村字下能登呂に一家で移住した。

昭和五年、教校別科四十二期入学。

小能登呂の神殿は、樺太一と言われるほどの大きさであった。神殿四十七坪、教職舎五十坪、敷地二百九十坪。佐野原七十四カ所中まれに見る建築であり、小能登呂村一番の建築物であった。

復　興

戦後、北海道上磯郡上磯町にて復興。

現在、北海道北斗市七重浜にて初代の孫に当たる吉村正道氏が会長を務めている。

久春内《くしゅんない》分教会

明田川志加能以《しかのい》氏が初代会長として、久春内郡久春内村大字久春内南浜町二十三、二十四番地にて昭和十五年十二月七日に設立した。

夫の清松氏の入信は大正十年十月。野田町にある野田寒集談所の久保寺ハツ氏を訪ねて入信したものである。

清松氏は北海道札幌市北四条西七丁目三番地の生まれである。建具職人であった。

大正八年八月、樺太大泊に移住して建具職を営んでいたが、当時流行を極めていた流行性感冒に罹り危篤に陥《おち》った。大泊の楠渓宣教所の田口所長におたすけをいただき、たすけられた。

その後、熱心に楠渓町の教会に勤めていたが、大正九年秋、野田町の発展に目を付け移転した。これ以降、楠渓分教会とはまったく音信不通となり、信仰も忘れた状態であった。清松の再度の身上で、野田寒の教会を頼ってまた信仰を取り戻した。久保寺ハツは楠渓町の教会との話し合いの上、明田川夫婦を野田寒の信者に貰い受けたのである。

大正十三年、野田寒の教会に夫婦で住み込む。

大正十四年二月、教校別科三十四期入学。十月、夫婦で久春内に布教に出る。

教会設置寸前の昭和十四年九月二十九日、清松が突然の心臓発作で四十六歳にて出直す。

妻志加能以氏は昭和十五年二月、教校別科に入学。

昭和十五年十二月七日、会長を任命される。

復　興

北海道北広島市共栄三十三番地の二で復興。現在、菅生良氏が会長を務める。

本樺恵《もとかばえ》分教会

樺太名好郡恵須取町大字恵須取字北二条十九丁目九番地に、昭和十五年十月二十四日、瀧澤貞太郎氏が初代会長として設立した。

大正十二年十月、瀧澤は当時野田町野田に在住していた。心臓病で悩んでいるのを隣家の妻女からにおいをかけられ、野田寒の教会に参拝したのである。

瀧澤は四十五年の人生を振り返り大いに悟るところもあって、熱心に信仰を始めた。

教祖四十年祭におぢばに参拝し、おさづけの理を拝戴。布教一筋の堅い信念を誓って樺太へ帰った。

昭和三年六月、これからは恵須取方面が開けてくるというので、瀧澤は恵須取布教を定め、一家をあげて移住した。夫人コイチ氏は実に夫を助け、内助の功に寄るところ大である。

昭和四年五月二十八日、恵須取地方に起こった大山火事で住宅八百余戸を全焼した。瀧澤の布教所も類焼した。

昭和五年七月、布教所を建築する。

昭和九年、天理教校別科入学。

この時、夫人コイチは夫の教校別科中に一粒の米も口にせず仙人《せんにん》に等しい生活をして、その代金を上級教会の野田寒に運んだ。

昭和十四年四月十九日、コイチは出直した。真に本樺恵の礎となり、身命を削って教会設立に尽力した。

コイチ氏の出直しにより、教会設立の機運が盛り上がった。

昭和十五年十月二十四日、本樺恵分教会設置。

復　興

戦後、北海道札幌市南区定山渓東二丁目にて復興。

白　羽　系

真岡《まおか》分教会

樺太真岡郡真岡町大字真岡字山下町三丁目二十四番地にて、大正十五年一月十三日、石山忠吉氏が初代会長として設立した。

石山忠吉は明治九年二月二日、福島県岩代国北会津郡田村で父忠蔵、母ミ子の四男として生まれた。石山家は村でも屈指の田地山林を持ち、忠吉は何不自由ない少年であったが、十四歳で学業を終えたころから持病の胃痛に悩まされた。

それが年を追うごとに重体となり、医薬の限りをつくし神仏にも祈願を重ねたが効果なく胃ガンと診断され、加えて喘息と重い痔瘻《じろう》を併発し医師も匙を投げた。水も飲めぬ重体となった。忠吉十九歳の時である。

たまたま白羽支教会の布教師、高塚佐太夫氏が会津若松市で布教中だった。忠吉とその家族は藁をもつかむ思いでおたすけを願った。高塚氏よりご教理を諄々と説き聞かされて、忠吉は生涯たすけ一条に捧げ切る心を定めて、三日三夜のお願いを受けたところ、身上は嘘《うそ》のように治まり、食も喉を通るようになった。

明治三十一年四月十八日、おさづけの理を拝戴。白羽支教会に青年に入る。翌年忠吉はたすけの親、高塚氏の長女ゐいと結婚した。

当時、上級の山名大教会の海外布教打ち出しに応じて忠吉はアメリカ布教を志したが、親戚の猛反対を受け、樺太布教に切り替えた。會東《かいとう》分教会の礎となった佐々木倉吉氏とともに樺太に渡った。

大規模な港湾施設があった真岡市

明治三十九年四月、まだ肌寒い春だった。当時、西海岸側には本教の布教師は無く、日本人の定住者も少なく、布教の対象者は土着のアイヌ人であった。

アイヌ人は元来が純粋で素朴で、素直な民族であった。しかし度重なる搾取《さくしゅ》、詐欺、制圧などにあい、閉鎖的な生き方を余儀なくされていた。

民族古来のカムイの神を持ち、風俗、習慣の異なるこの民族への伝道は極めて困難であったろう。元々ない命を助けられた忠吉には、驕《おご》る心は微塵《みじん》もなかったし、「一列兄弟姉妹」としてアイヌの信者と話している時には、どちらがアイヌかわからないという雰囲気を持っていた。忠吉の真実と忍耐は、やがて各所に不思議なおたすけとして現われ、たすけを請う人たちが出てきた。また、布教所に参拝にくる人も追い追い増えてきた。

だが一方、カムイの神はあくまでも彼らの神であり、イヨマンテ（熊祭り）にはたびたび招待された。長老たちが輪になって回し飲むタバコや濁り酒の輪に入れられ、「おっかなくて震えて口に入らなかった」と妻ゑいは後年話していた。

アイヌの病人を助けてから忠吉が唱える「南無天理王命」を、コタンの酋長は「カムイ」と崇め、忠吉をコタンのアイヌの人たちはこぞって信用してくれた。「天理王命」の話を真剣に聞き、真剣に礼拝してくれた。長老の妻は、布教所から宣教所となって多くの日本人が参拝する中、毎月の月次祭には大勢の仲間を連れて参拝にきた。

忠吉が志した真岡町は、西海岸唯一の不凍港《ふとうこう》といわれた。冬は連日氷点下二、三十度で眼も鼻も凍りついた。

忠吉の布教開始から四年後の明治四十一年、家族が渡樺した。しかし、親子が同じ屋根の下で暮らすことの出来る心の安らぎはあっても、生活は厳しく、樺太の冬はまさしく寒さとの闘いであった。

大正時代になると、日本人の移住者も増してきて、腰を据えて信心してくれる人たちも出てきた。

大正十五年一月十三日、樺太真岡郡真岡町大字真岡字山下町にて真岡宣教所を設立。教勢は進展して、大祭には三百食の赤飯を作ったという。布教所も三カ所、アイヌの酋長も毎月参拝にきた。

昭和二十年、終戦とともにソ連軍が攻めてきた。忠吉は信者と家族を帰国させ、自分は樺太の土になると樺太に残った。

昭和二十年八月二十二日、逃げ遅れた人たちをさがして巡っているうち、ソ連兵の銃弾に倒れ、石山忠吉は樺太の土となった。七十歳であった。

復興

北海道北広島市西の里八四六番地二三にて復興。

現在、石山裕好氏が会長を務めている。

笠岡系

輝《き》北《ほく》分教会

樺太大泊郡深海《ふかみ》村大字小田井字円内六番地に、大正十三年十月三十一日、吉岡吉次郎氏が初代会長として設立した。

昭和七年発行の『笠岡分教会史』には、次の一章が記載されている。

「帝国版図の最北端樺太といえば、氷雪に閉ざされた無人境を思わせるが、けっしてさにあらず、ここは世界三大漁業地の一つで、わが同胞五十万人の移民が漁業にいそしみ、木材、石炭業、無尽の富源開発に、日も足らざる有様である。この樺太島の咽喉《のど》というべき大泊より自動車を駆りて、海岸を走行すること約三里、大泊深海村に至る。これ当宣教所（輝北教会）の所在地である……」

吉岡は明治七年、鳥取県西伯郡崎津村に生まれる。その兄が死亡したので兄嫁と結婚。吉岡が三十歳の時、腸チブスとなり米府分教会の上級、島根分教会の井上役員から助けられた。

明治四十年、家運挽回《ばんかい》の目的を持って単身北海道に渡り、ついで樺太に移り、大泊で漁業を営んだ。そして国元に送金をした。また上級米府へ対するお供えも忘れなかった。

その後、深海村に移住して、漁業の傍ら布教にも精を出し信者を増やしていた。

やがて漁業より布教が忙しくなり、専従するようになった。

大正十年、教校別科卒業。卒業してより家業は次男に委せて専ら布教伝道に奔走した。

そして自宅を継ぎ足し大きく増築して、これを集談所とした。

このころには祭典日には常に三、四十名ほどの参拝者があった。

深海村の女麗《めれい》という村落は日本軍が樺太占領の際、初めて軍靴《ぐんか》が入った土地である。

吉岡が移住した小田井村落は二百戸余り。無医村で、身上者をみれば、まだおさづけの理が無いまま両手で撫で、お息の紙で人びとが助かった。後では馬で駆け回らなければならないほどであった。

米府分教会長が大正十二年に初めて巡教した時は、四十名近くの信者があり、自宅二反歩の土地に四間四尺に八間、別に一間半の二間という教堂、教職舎などを建てていた。大正十三年十月、輝北の名称の理を戴いた。二代会長に広江繁三郎氏が就任した。

復　興

昭和二十二年十二月二十三日、鳥取県西伯郡大幡村大字吉長に「輝泊」と改称して移転。現在、大阪府豊中市で「新輝豊」と改称して、塩田能往氏が会長を務めている。

樺島《かばしま》分教会

大泊郡大泊町船見町西一ノ一ノ十七で昭和十六年八月二十六日、成田平七氏が初代会長として設立される。

復　興

北海道枝幸郡浜頓別頓別にて昭和二十六年十月二十七日、成田繁雄氏が会長として復興。現在、北海道苫小牧市で岩崎光生氏が会長を務めている。

甲　賀　系

北豊原《きたとよはら》分教会

樺太豊原郡大字追分字追分五十七番地にて大正十二年一月十一日、岸岩之助氏が初代会長として設立。

　大野出張所部属の勢白《せいはく》出張所（三重県河芸郡白子町江島）は、明治三十二年五月一日に設立された。初代会長の早川鉄次郎氏が四十二歳のとき、「七十五年たてば日本あらあら……」との言葉を信じて北は北海道、南は鹿児島に二名ずつの布教師を派遣した。

樺太教務支庁があった豊原市街地

　明治三十四年、北海道稚内に着いた樋口重太郎氏三十一歳、浜田岩吉氏二十九歳の両名は、稚内町で布教開始。翌年、稚内本通りに北見聯合所を設置した。樋口のにおいがけにより多くの信者が出来たが、その中に岸岩之助氏がいた。

　岸は大工を職としていた。妻を八、九人持ったが先立たれたり愛想をつかされて家出されたりであった。このようなことから兄弟の導きで信仰に入った。

このころ、北見聯合所から各地に布教師を派遣することになり、小樽には網本岩太郎氏、樺太には岸岩之助を派遣することとなった。

岸は明治四十三年、おさづけの理拝戴。大正十年七月、教校別科卒業。そして樺太豊原郡の追分に講社を結成する。神殿七坪半、ロスケ造りの住宅二十三坪半であった。

大正十二年、北豊原宣教所を設立したが、信者一人もいないままの名称の理拝戴であった。また、家族たちも信仰には反対であり、ついに一人の信者も出来ないままであった。

昭和六年、土地建物も借財で人手に渡った。

昭和六年八月十八日、岩之助氏が出直し、事情教会となる。

教祖五十年祭を目標に、北愛では樺太布教を打ち出し、教校別科四十五期を卒業した橋本重男氏はそれに応じて昭和六年夏、同行七名の中に加わり渡樺し、豊原駅前に借家して布教を開始した。他の六名はそこから布教地を求めて四散《しさん》したが一人は出直し、五人はほどなく帰国した。橋本重男だけが残った。

橋本が豊原に入った数日後、前記の岸岩之助が出直した。上級教会との話し合いにより、同じ甲賀部内の勢白分教会の下であった北豊原を北愛分教会が貰い受けることとなった。

昭和七年一月、橋本が北豊原の二代会長に就任した。教堂は担保に入っているので家賃を払って住み、住宅の方は岸の家族が住んでいた。

幸いにも三十人余りの信者も出来、教堂ふしんのために二十坪分の材料も集まった。しかし妻きぬえの眼病のお手入れで材料をすべて納消したので、理の浅い信者たちは離れ、再び一人になった。橋の下で寝ても妻子とともに苦労しようと心定めしてから一週間後にご守護があり、昭和十二年には八百七十坪の土地も買い戻し、翌年には神殿十八坪、教職舎七坪半を新築した。

橋本重男の父、平六氏は滋賀県甲賀郡岩根村の農家であった。

その父の兄橋本宗吉氏が十五歳の時、マムシにかまれて毒が全身に回り、大津の病院で医師から手が付けられないと宣告された。危篤になった時、甲賀大教会の初代山田太右衛門氏におたすけいただき、宗吉は左手首を切断しただけで命が助かるというご守護をいただいた。

明治四十年ごろ、宗吉夫婦とその弟平六夫婦ら九名が、開拓民として北海道上川郡比《ぴっ》布《ぷ》に移住。後に宗吉兄弟は旭川市郊外の愛別村に移り澱粉《でんぷん》工場を経営。大正六年ごろ、宗吉は足の身上から道一条となり、大正八年に北愛《ほくあい》の名称の理を戴いた。しかし、宗吉の手が不自由のため妻シカが会長に就任。弟の平六も大正十三年、上川町で北上川の名称の理を戴いた。

弟平六の次男重男は、叔父の宗吉の一人息子宗一が病弱のため、宗一の姉きぬえの婿となり、後に分家した。

復興

終戦後、橋本重男は舞鶴海兵団に入団中だった。長男は学徒動員。妻きぬえはお目標《めどう》様《さま》を捧持《ほうじ》、三児を連れて八月十七日、軍人の家族というので巡洋艦に便乗されて脱出、北愛分教会に引き揚げた。

学徒動員で樺太の北方敷香町にいた長男も、密航（当時は十六歳から六十歳までは樺太に残留ということになっていた）して北愛に帰った。

教会神具、鳴り物類などは残留組の信者たちが焼却した。北愛に引き揚げた重男は長女の身上から復興を志し、一家六人が旭川市春光町の元兵舎の引き揚げ寮で一冬を過ごした。

比布時代の友人と突然に出会ったことから旭川市川端町に土地を得て、昭和二十三年一月、移転復興のお許しを戴いた。

現在、北海道旭川市川端町一条五丁目で、橋本宗敏氏が会長を務めている。

山名系

山名大教会の部内、城東《きとう》分教会（静岡県）から亜庭、樺豊、大泊の三カ所の教会が生まれている。

亜庭《あにわ》分教会

大正十三年十月二十八日、樺太大泊郡大泊町大字大泊本町字二条北一丁目二十二で、松本岩吉氏が初代会長として設立。

城東部内、山形県で元大工職の佐藤信茂氏は、鶴岡で布教していたが札幌に向かい、明治の末期に樺太布教を志した。佐渡出身で木挽きから身を起こし、製材業を経営していた豊原の小形兼蔵氏宅に間借りした。

その縁で小形も信仰を始め、続いて数人の信者も出来たので小形家から三町離れた所に二戸分を払い下げてもらい、大正初年に豊原布教所を開設。山名の台湾布教、樺太布教と大いに嘱望《しょくぼう》された。この布教所で、山梨出身の元医者という石田喜代作氏が信仰を始めて道一条となり、佐藤氏の命を受けて大泊で布教することとなった。大泊の道は伸び、ある身上者が入信したが、大泊の布教所で出直した。その男が残した貯金通帳を石田は上級教会にお供えした。ところが、その男の従兄弟がそれを知り、人の金銭を勝手にしたと警察に訴えた。そのため刑事事件となり石田と役員の一人が、横領罪というカドで一カ年の刑に服すこととなった。

佐藤氏や、城東の三代会長横山源吉氏はいたく心痛し、横山は事情整理と当局への弁明のため大正八年五月十七日の朝、大泊に渡った。ところがその数時間前に、純情な佐藤茂信氏は石田氏たちに迷惑をかけて申し訳ないと責任を感じて、布教所の台所で自ら命を絶ってしまった。道の上での一つの殉教であろう。未亡人となった佐藤タツノ氏は本部御供所《ごくしょ》に勤めたこともある。

この事情から豊原、大泊の布教所は城東の直轄となった。石田氏は出獄後、郷里の山梨に帰ったが、その後の消息は不明となった。

大泊には城東の役員、土井利平氏が派遣され、そうした事情にくじけず教勢を盛り返し、大正十三年、亜庭の名称の理を戴いた。

会長名義は城東分教会の役員、松本岩吉氏。実務は土井氏が引き受けていた。

土井氏は独り身で身上となり昭和五年、城東の教会で出直した。

その後は松本岩吉の長男政雄氏夫婦が亜庭に赴任。岩吉が出直し後の昭和十六年、二代会長となる。

復　興

終戦の翌年、政雄一家は城東に引き揚げ、後に神奈川県で「子安町」と改称して復興を果たした。

樺豊《かほう》分教会

大正十四年一月二十五日、樺太豊原町大字豊原字東一・南五丁目十四の十五番地で、西郷儀作氏が初代会長として設立。

豊原の布教所は、これも城東の布教師、西郷儀作氏が修理に派遣され教会となるも、西郷儀作氏は昭和五年六月に五十七歳で出直し、前記の小杉兼蔵氏が二代会長となる。

復　興

昭和二十二年四月、小杉氏はお目標様を捧持して城東に引き揚げたが、七十九歳という老齢と道中の疲れのためか翌五月に出直した。

岩手県人の富山金治郎氏は十八歳の時、北海道に出稼ぎにきていた。借家をしたので追《お》い祓《はら》いを頼んだ。この時の人が城東部内、城明《じょうめい》分教会（札幌市）の後藤長三郎氏で、その縁で富山は信仰に入り、信心を始めた。

富山氏は推されて、樺豊を「新城富」と改称して北海道石狩郡当別町にて教会復興を果たした。

大泊《おおどまり》分教会

大正十四年四月二十一日、樺太大泊郡大泊町大字南畑三十番地に、千葉徳治郎氏を初代会長として設立。

前記の亜庭の教会の筋向かいに住む千葉徳治郎氏は、土井利平氏からにおいがけされた。千葉氏は周旋《しゅうせん》人を務め、その後大正十四年、大泊分教会を設置した。

その千葉氏が出直して後、城東から派遣された落合茂氏が昭和十年六月一日に、二代会長となる。

復　興

終戦後、妻子は無事樺太から引き揚げたが、会長の落合は良く身が動くのでソ連の占領軍に重宝がられ、昭和二十四年にようやく帰国が許された。長男のいる東京に落ち着いた。

その後、大泊を「神山一」と改称して、山一分教会の布教師根本テイ氏が神奈川県横浜市にて復興。

河原町系

樺浦《かばうら》分教会

豊樺《とよかば》分教会

樺浦分教会は、樺太豊原市西一条南十丁目三十二番地で大正十四年四月二十二日、末松豊美氏が初代会長として設立。

豊樺分教会は、樺太豊原郡豊北村大字本川上十九番地で大正十四年四月二十二日、湯浅寛二氏が初代会長として設立。

高知県吾川郡秋山村に住む末松亀太郎氏は大工で、その長男の豊美は幼心に家に祀《まつ》ってある神様の前で拍子木の鳴るのを記憶しているというから、おそらく高知系の信者になっていたのであろう。豊美が十一歳の時、一家は北海道に移住。浦臼町の土佐農場で働いた。

ほどなくして、父亀太郎は雪解けの日光の反射の光で両眼を傷め、母小きくは胃腸を病み、近くの月浦《つきうら》分教会の初代小松寿作氏ににおいをかけられ、ぷっつり切れていた信仰を始めた。

豊美も、故郷を遠く離れた北海道では神様に頼るしかないと思い、両親にたすかってもらいたさに月浦に参拝に行き、十二歳の時には半下りの陽気なつとめを覚えたという。

明治四十年春、豊美十五歳の時、一家は他の二十数戸（この中に豊樺分教会の初代湯浅氏も入っている）とともに大泊、豊原を経て、豊原から三里奥にある本川上（ブッサキ）の原野に移住。ブッサキは熊の出る原野林で、ロスケ造りの家屋と五町歩の開墾地が与えられた。

開墾地は後に五町歩を加えられたが最初の年は無収穫で、荒廃地を見限って他に移住した者もあった。

一家は三年目にやっと自給自足。六、七年目から、どうにかカマドから煙が立つようになった。

豊美二十歳の時、リューマチを患い、年一回巡教の月浦の小松会長の勧めで天理教校別科入学を心定めた。別科費用捻出《ねんしゅつ》のため薪を馬に積み豊原の町に売りに出たり、樺太分教会の前を借りて薪を並べた。馬一頭分の「ひとしき」が二円五十銭。同じ河原町系統のこと、「末松の兄ちゃんが本部に帰るそうな」と、樺太分教会もよく薪を買ってくれた。畑の耕作などを手伝い、同じ村落の湯浅寛二氏と一緒に教校別科に入学した。


当時、豊原から大泊までは軍の軽便鉄道。無蓋車《むがいしゃ》で坂道にかかると、乗客は下車して後押しをした。大泊からは日本郵船の弘前丸、大礼丸など二千四、五百トンの貨物船で小樽へ。豊原からおぢばまでは十九円。日数は四、五日を要した。上級教会の順序回りをしていたので一期遅れて教校別科十二期に入学した。

大正九年、豊美は妻タケを伴って西海岸側の本斗に布教に出た。

本斗では四畳半を一円五十銭で借りたが家賃が払えず、間もなく裏町に移った。十数名の信者を作りいったんブッサキに帰り、再び豊原で布教を開始。
大正十四年、豊原町で百六十五坪を払い下げ、十二坪の教堂をふしん。樺浦の名称の理を戴いた。

ともに教校別科に入学した湯浅寛二氏は、ブッサキに敷地九百坪、三間半に五間の神殿、三間に四間の教職舎をふしんして、末松氏と同じ日に豊樺分教会を設立した。

末松豊美氏は、その後は教区主事長となり、樺太教務支庁舎のふしんでは建設委員長となって岡田佐平教区長を助けたが、支庁舎が九分通り出来上がったところで終戦となった。末松は、おぢば帰りから戦争激化のため樺太に渡られなかった岡田教区長に代わって采配《さいはい》を振るった。

八月二十二日、ソ連兵の進駐二日前、人口八万余の豊原の町は長さ五町、幅十町にわたって空襲焼失。樺浦の教会は市内の一カ所の教会とともに類焼。末松氏は危険を冒してお目標様を捧持。避難民を風上に避難させながら教務支庁へ駆けつける。罹災《りさい》した信者たちを受け入れ収容しているうち九月、支庁舎はソ連の糧秣庫《りょうまつこ》として接収。支庁のお目標様（神実様）を樺豊分教会（山名部属）へと遷《うつ》す。

教務支庁の祭典日には、樺豊に移されたお目標様に大勢の参拝者があり、敗戦という悲嘆の中にも賑々しく陽気におつとめが勤められた。

復　興

末松氏の樺浦は札幌市白石区にて復興。

豊樺は北海道上川郡神楽村にて復興。現在、旭川市西神楽三線で、湯浅静子氏が会長を務める。

知取《しるとる》分教会

樺太元泊郡知取町熊ノ沢にて昭和六年七月二十四日、宇野ナヨ氏が初代会長として設立される。

昭和十一年八月、ご本部から土佐元先生が樺太巡教された時の記事の中に知取のことが出ている。

「知取町は三千戸に余る大きな町で、パルプ工場と炭鉱である。実に活気のあるよいところだが、教勢は振るわず、此の知取宣教所一カ所の寂しさである。七十を過ぎた前所長が老年の為に、教会を空けて孫の所へ帰り、久しい間有名無実の状態であったのを、現所長の佐々木作太郎氏が上級の命を受けて、信徒とてない破れ果てた教会へ勇躍乗り込んだ氏は、苦心惨憺に言語に絶する奮闘により活気が戻ってきた」

と記されている。

復　興

北海道夕張市楓十五にて佐々木弥一氏が復興した。

大垣系

樺《かば》恵《え》分教会

樺太名好郡恵須取町大字大平字東二条南一丁目一番地にて昭和十一年二月二十三日、江草荒次郎氏が初代会長として設立された。

江草氏は長崎県の人で明治五年二月八日生まれ。日露戦争が終わり、帰路途中の大連にて左目に砂が入ったのが二昼夜の船中にて痛みだし、門司に上陸したときには物も見えなかった。半年ほど衛生病院に入院加療して明治三十九年、除隊した。三十四歳であった。

その後長崎市で店を営んだ。眼病が再発して両眼が見えなくなり失明状態となる。入院費、治療費などがかさみ、妻ノブが市内を行商しながら生活をしていた。

明治四十三年、父方の小沢従兄弟の誘いで、ノブは子供を背負い盲目の夫の手をひいて逃げ落ちるように寂しく北海道に渡った。小沢のおばさんが質屋を経営、そのお陰で安楽に暮らしていた。この従兄弟がお道の信仰者で、江草に道を勧めた。当時義理で教会に参拝をしていたが、ただ一人のかわいい娘を死なして心が変わった。自身の眼も片方は完全に失明したが、片方はご守護をいただいた。

江草は小さい店を畳んで道一条となる。子供の死、火事を出して多くの人に迷惑をかけるなど身上、事情が出て、心が定まったのである。大正十年渡樺、五十歳のころである。

知取に布教に出る。真縫山《まぬいさん》を越え西海岸に出て、泊居町から恵須取まで四十余里を、少しの暖をとりながら冬の道をおたすけをしながら歩いた。教祖を偲びつつの百六十キロの行軍は、凄《すさ》まじい行であったであろう。

恵須取から一、二里山奥にある大平炭鉱の阿部竹之助氏のお世話になり、道がついた。

江草荒次郎会長（前列左端）の元に集まった婦人信者たち

北海道にある三笠山分教会では、多くの炭坑夫家族が住む炭鉱を中心に布教活動を進めていたのである。

大平炭鉱は樺太では一、二番の大きさの炭鉱であった。荒次郎はここに落ち着く。大正十三年二月、教校別科卒業。

当時、ここにあった大平炭鉱病院には、真岡郵便局の電話交換手の話とともに残っている悲話がある。終戦とともに皆引き揚げたが、病院では二十六名の若い看護師が大勢の病人とともに残って病人を助け、最後に自決をしたことで知られている。

この病院では、医者も手を余した患者は病院長自ら天理教の樺恵布教所におたすけを請いにきたという。また次から次と医者の手あまりの人たちの霊救が上がったという。

布教所の隣に大平寺という本願寺派のお寺があり、そこから出火し、周りの住宅に類焼したが、隣でありながら火が近づくと風が吹いて風向きが変わり、左右と風向きを変えながら周りの家々は類焼しても、樺恵布教所だけが燃え残った。大平の人たちは天理教の神様のご守護の偉大さを見る思いだったとのこと。

天理の神様の大きな働きは当時、話題になった。樺恵分教会は昭和十一年二月二十三日、この地で江草荒次郎を初代会長として設立された。

設立のその年十二月、江草荒次郎氏は出直した。その後、妻ノブ氏が二代会長として戦中、戦後の動乱時期を乗り越えた。

復　興

北海道江別市元江別にて復興。現在、江草弘氏が会長を務める。

湖東系

大泊港《おおどまりこう》分教会

大正十四年十月九日、樺太大泊郡大泊町大字大泊で神保與七氏が初代会長として設立された。

旧姓後藤與七氏は明治六年、山形県山寺町に生まれた。石屋に奉公し、年季明けのころ、近くの天童町に住む神保みつ氏の婿養子として入籍。神保家は大勢の人を使う石屋を経営。

明治二十九年初夏、滋賀県湖東町の中郡分教会（湖東）の布教師、山本常次郎氏が行

商しながら布教し、神保家の二軒隣りの宿屋に宿泊。ある日、神保が石仕事している側で神様の話を始め、神保はいたく感動した。家業は弟子たちに任せて山本氏の布教を助けた。「養子のくせに仕事を放って天理教にのぼせ上がっている」と親戚の大反対にあい、神保は妻と当時一人娘みよを伴って中郡分教会に住み込む。

妻みつの長兄が樺太の大泊で手広く商売した。その勧めで大正四年六月に渡樺。義兄の仕事を手伝いながらにおいがけをした。

樺太に渡って二年目、神保は身上から道一条を決意、同町楠渓通りに借家。道も伸び、教校別科二十七期に入学。その留守中、妻みつは子宮癌で出直した。おぢばにいた神保は「葬儀を頼む」と電報を打って帰国せず、教校別科を卒業した。

卒業の時、湖東大教会長の佐治正隆名で、『樺太及び沿海州地方へ本教発展の布教を命ず』という辞令をいただき、本格的な布教に乗り出した。

教祖四十年祭の倍加運動の声に応じ、大泊初音町に二戸分（一戸は百七十五坪）を払い下げて貰い、四間半に七間半の教堂、別棟に教職舎として二階に八畳二間、四畳二間のふしんをして大正十四年、大泊港の名称の理を戴く。長女みよに、高橋徳平氏を養子に迎えた。

徳平氏は新潟県生まれ。祖父が南蒲原《みなみかんばら》分教会（湖東）で信仰していた。徳平が七歳の時、囲炉裏《いろり》に落ち顔面に大火傷、その上火箸《ひばし》が喉を突き刺した。祖父が二階にお祀りしていた神様の前に抱え込み、ご神水で洗面したところ、わずかに喉に傷が残っただけですみ、顔には火傷《やけど》の跡は残らないというご守護をいただいた。長じて南蒲原の青年となり、神保家の婿に迎えられた。

終戦後、大泊港教会にはソ連兵の七所帯が入居、残留。宗教家と教育者は一般人より配給がよく、さして不自由はなかったという。

復　興

神保徳平氏が昭和二十年、滋賀県愛知郡湖東町勝堂に家を求め、改築して昭和三十五年十一月二十六日、神保徳平氏が二代会長として復興した。その後、東近江市勝堂町に神保一榮氏を三代会長として現在に至る。一榮氏は、

「昭和二十年、終戦時、私は小学校二年生でした。思い違いがあるかも知れませんが、引き揚げからのことを少し話します。

昭和二十年八月十五日、終戦。当時、日本政府は、老人、女子、子供を日本の船舶で樺太南部の大泊から北海道の稚内へ引き揚げさせていた。

終戦時、大泊港分教会は後の二代会長・徳平が天理教ひのきしん隊で炭鉱に出向いていて留守だったが、十六日に帰会したので翌十七日に引き揚げることになった。初代会長の神保與七は当時七十三歳で、徳平・みよ夫婦と子供四人の七人家族だった。

『船に乗るのは人間優先、荷物は手に持てるだけ』という指令で初代会長がお目標様だけを胸に抱えて稚内に降り立った。これは引き揚げの港の近くに教会があったから出来たことで、私たちの乗った軍艦は甲板まで人、人で溢れていた。

徳平は、日本政府の『成人男子は引き揚げを手伝い、後に引き揚げよ』との指令で残り、終戦で武装解除しているのにも関わらず攻撃してきたソ連軍に拘束《こうそく》され、私たちはそれから三年間抑留《よくりゅう》されて、昭和二十三年になって帰ってきた。稚内からの引き揚げ列車の中で初代会長が体調を崩したので、石狩当別の親戚宅に一カ月ほど世話になって静養し十月初めころ、滋賀県にある上級教会、中郡分教会に落ち着いた。

教会の一間を借りて終戦後の大変な中全くゼロからの出発で初代会長と、のちの二代会長夫人みよ、は毎日におい がけ・おたすけに明け暮れた。そうして八年後の昭和二十八年、現在地に百十坪ほどの土地と家屋をご守護いただく……」と述懐している。

西樺《にしかば》分教会

樺太泊居郡泊居町大字泊居千歳町五で大正十四年十一月六日、澤田くに氏が初代会長として設立した。昭和九年十一月十五日、澤田ミヤ氏が二代会長を拝命するも、その他は不明で長らく事情教会となっていた。

復　興

尾北《びほく》分教会の祖、岩田きみを母に持つ岩田重一、たま夫妻は、尾北の初代会長、姉岩田はまの導きでおたすけに励んでいた。岩田重一氏の出直しの後、昭和三十七年七月十日、「湖旭」と改称して、愛知県一宮市大正通りに移転改称復興となり、岩田たま氏が会長に就任した。その後、同市で小松親子氏が会長を務める。

陽《よう》樺《か》分教会

樺太大泊郡大泊町大字黄金井町にて大正十五年二月二日、西野すゑ氏が初代会長として設立される。

復　興

終戦により身一つで引き揚げたあと復興に丹精するが、昭和二十五年八月十日、西野氏は出直し。その後陽樺を「湖名」と改称し、昭和三十一年十一月、山本要太郎氏が名古屋市にて復興。

現在、同市で深江道雄氏が会長を務める。

新潟系

千代樺《ちよかば》分教会

留多加郡留多加町川口字末広町二十三番地にて大正十四年十一月五日、山田奥蔵氏が初代会長として設立された。

佐渡一帯は、新潟大教会の中興《ちゅうこう》の祖《そ》と称された池ハナ氏が布教の足跡を伸ばした土地である。

そのハナのにおいがけで、相川町高千村の有田音吉夫婦が信仰を始めた。四男の奥蔵氏は兄たちが次から次と出直すので一家断絶のいんねんを悟って高千分教会に住み込み、

大教会巡教をいただいて。前列右二人目は池ハナ氏（新潟大教会初代）、前列左端は山田奥蔵氏（千代樺分教会長）

佐渡中を三年間布教。高千の信者、山田安蔵夫婦は樺太の留多加に漁獲の出稼ぎに渡って一家を構え、かねてから布教師派遣を願っていた。折から本部では海外布教の打ち出しもあり、有田奥蔵氏が新潟大教会から初の樺太伝道者として派遣された。

大正十一年六月に新潟港を出港。函館、小樽と寄港して四日目に大泊につく。大泊で教校別科同期生の神保與七氏（後の大泊港の会長）方に一泊。大泊から留多加まで徒歩十里、汽車で一時間かかるが、與七が発動機船で送ってくれた。奥蔵は山田家を足場に布教をして、留多加町川口で「千代樺」の名称の理を戴いた。

山田安蔵氏が出直したので、奥蔵は山田家の養嗣子として入籍。

留多加は戦争の被害はなく、終戦後町内会長に推され、宗教家というのでソ連軍の信用を得て二百戸余りの町民は割に優遇された。

復興

昭和二十二年に引き揚げ後、教会にはソ連軍の幹部が入居。

奥蔵は北海道倶知安に引き揚げ、寮に入居。その六畳一間で昭和二十四年十月二十三日、移転復興した。

旧満州天理村から引き揚げた信者の高橋一家が小樽市稲穂町西二の八に移住していたが、それを献納した。

昭和三十年十月、千代樺は倶知安から小樽へ移転。

その後、北海道札幌市厚別区厚別西四条に移転。現在、山田幸雄氏が会長を務める。

神川系

神藤《かみふじ》分教会

昭和十五年三月二十三日、樺太大泊郡大泊町字本町東一条北七丁目十三にて、成田守一氏を二代会長として事情教会を復興した。

当時、成田氏は大泊町にて旭丘集談所を開設して熱心に布教していた。神藤の教会は、藤本丑太郎氏が神戸市にて設立した教会であったが、事情で神川大教会にお目標様がお預けとなっていた教会であった。その教会の事情復興であった。

二代会長として成田守一氏が就任したのもつかのま、昭和十九年二月二十八日に突然出直した。その後を代理者として母親の成田フミ氏が務めた。

復興

当時、札幌市南四条西六丁目の北養《ほくよう》分教会の中に移転。

昭和三十七年十月、小樽市石山町十七の十八に移転。同年、三代会長に竹内イト氏が任命される。現在、苫小牧市明徳町にて小林富義氏が会長を務める。

兵神系

敷香《しくか》分教会

昭和十八年三月十七日、樺太敷香郡敷香町東一条北五丁目三十番地にて、橋本市馬氏

教祖五十年祭団参募集に敷香町を回る岡田佐平氏（中央）、右隣は平井熊之進氏

が初代会長として設立された。

　橋本氏は、明治三十年十二月十九日に父小沢忠三、母イサの四男として福島県耶麻郡慶徳町に生まれた。父親の道楽のため、一家は北海道の室蘭から砂川へ。十五歳の時、母イサが腸満となり、筋向かいの空知《そらち》分教会の初代や八子吉六氏から助けられ、橋本自身もその翌年、腎臓病を助けられて信仰を始めた。

　その後、教校別科費捻出のため行商や炭坑で働き、二十六期へ入学。二十七歳の時旭川に布教に出たが、においはかからず昭和二年、ひと儲けしようと樺太に渡る。山子となって働いているうち、縁あって落合町でクリーニング店を開店。落合町は王子製紙工場もあって繁盛し、豊原市にも支店を出した。

　三十三歳で十九歳のエツ氏と結婚。橋本姓となる。間もなく砂川から弟を呼び寄せ豊原の支店を任せたが、その弟の道楽のため落合町の店ともども閉店の憂《う》き目《め》にあい、北辺の敷香で再びクリーニング店を開いた。その間、上級教会とは縁が切れた。

クリーニング店を開店してより一年目、妻エツが肺の身上となり危篤という節に道一条の心定めをして、上級空知の教会へお願いの電文を書いた。途端に痰《たん》が出てご守護をいただき布教に専念。店を閉じて敷香町本通りに古い家を月六十銭で借り、本格的な布教を開始した。その後、妻エツの身上が再発して、二人の子は「母親というのは何時も床の上に横たわっているものだ」と思っていたという。

ある夕方、布教先から帰ってみると、三日間水ばかりの生活のため、二人の子は部屋と玄関に、エツは床の上に倒れていた。この時、他系統の成田某が事情を知って一円を貸してくれ、やっと餓死をまぬがれた。

昭和十七年、この時もエツの急性肺炎で、折しも空知の二代会長に就任した八子吉之助氏が初めて敷香に巡教した。教会設置の心定めを仕込み、尻込みしていたわずか三名の信者も、エツの身上がご守護いただいた姿を見て三千円ものお供えをしてくれた。

かくて敷香町東一条北五丁目にあった四間と七間半の家屋を二千五百円で買い取り、南海部属の事情教会「旭映」をもらい受け、「敷香」と改称して名称の理をお許し戴いた。

復　興

昭和二十二年五月に引き揚げた。昭和二十七年十月二十七日、北海道旭川市春光町四区四十七番地に移転復興。

西樺太《にしからふと》分教会

真岡郡広地村大穂泊二十一に大正十四年十一月八日、廣田市五郎氏が会長で設立した。

復　興

大阪市天神橋筋九の三十二で、「清藤坂」と改称して佐藤アイコ氏が会長に就任、復興した。

那美岐系

本斗《ほんと》分教会

樺太本斗郡内幌村大字内幌南二条二丁目十七番地にて、大正十三年十月三十一日に五十嵐仁三郎氏が初代会長として設立する。

五十嵐仁三郎氏（男能富三代会長）が本斗郡内幌村で布教伝道に専念する中、大正十年六月ころ、船戸梅太郎氏が子供の身上で入信。その後、五十嵐は男能富《おのっぷ》分教会の会長に就任するために本斗の会長を辞任する。昭和十二年二月四日、二代会長に船戸氏が就任している。

復　興

昭和二十年八月十五日、終戦で引き揚げ。

心血を注いだ教会と住み慣れた樺太の地を断腸《だんちょう》の思いで後にした梅太郎は、北海道河東郡音更町中音更に引き揚げ開拓地に移住するも、昭和三十一年十二月二十日、六十五歳で出直す。

その後、空知郡奈井江町字奈井江十八番地二十一に移転建築。

昭和四十四年四月二十六日、二代会長梅太郎の長男船戸梅雄氏が三代会長を拝命し就任する。

平成元年三月二十六日、任命と神殿建築のお許しを戴き、梅雄の長男船戸健治氏が四代会長として務める。

真光《しんこう》分教会

大正十五年二月八日、真岡郡真岡町高浜町に泉波鉄蔵氏が初代会長として設立した。泉波氏は大正五年ごろから布教に従事。設立当時、真光分教会を小高い丘の上に建てていた。

復　興

戦後、北海道名寄市緑丘三十九の三十三で山下文夫氏が担当していたが事情教会となり、上級男能富分教会の預かりとなる。「元宗谷」として改称して復興。現在、島村佳嗣氏が会長を務める。

美田常市氏は大正八年二十八歳の時、ミサ氏と結婚して後、大正十年に別の土地に入植する。事業は順調に成功して農業先駆者となるが、妻の家出などで仕事の手も廻らず、病弱だった長女信子を昭和六年に亡くした。打ちつづく節に、信仰をしていた兄謙一氏から勧められて入信する。

昭和十五年、元宗谷《もとそうや》布教所を開設。

昭和十九年、島村静江氏と結婚。

昭和二十四年、美田常市氏出直し、五十八歳。

初代所長亡き後、妻静江が布教所長として勤める。教祖七十年祭団参の折、上級教会の月次祭を終えると翌朝早々に帰路につき、途中信者宅に寄り、先を急いだ。ところが日暮れより俄《にわか》に吹雪となり、海岸近くで路に迷い、行き先知れずとなった。村人が出て探したところ、七日目に雪の中に倒れて眠るがごとくの顔で発見された。昭和三十年ころだった。島村静江四十五歳であった。

静江は東京下谷区御徒町で父大高源吉氏の五女として生まれる。二十一歳の時、島村芳三郎と結婚。四人の男子を産む。夫芳三郎は三十六歳で肺結核で出直し。この時義姉の勧めで入信する。

その後、修養科同期生の勧めで、見合いすることなく最北の地宗谷に四人の子を連れて嫁した。時に三十三歳。夫常市は五十二歳であった。

母の突然の死という大節に長男佳嗣氏は二十三歳で布教一筋となったが、家は貧のどん底であった。だんだんと布教所も充実してきて「真光」の名称を引き受け、「元宗谷」と改称して復興。

ここに日光大教会四代会長の速水宗六先生と那美岐大教会三代会長の亀田亮二先生が、ともどもに樺太巡教された時の日記があるので抜粋する。

「昭和十四年六月二日

樺太に渡るので早朝三時三十分起床、朝食を戴き徒歩で桟橋駅まで出て、八時樺太丸に乗船した。一行は速水先生、五十嵐ナカ（七十三歳）、私（那美岐会長）。八時二十分出航の時刻だが波が高いので九時三十分出航に遅れ、曇天の空で風模様なので、三等席は不気味と感じ、先生と私は二等船室に入った。割り増しとして一人分三円六十銭を払った。稚内―本斗間の三等は一人三円五十銭、昼食はパン、コーヒーという軽食で二人分六十銭、毛布一枚貸し賃十五銭なので二人分を支払った。

能取岬《のとろ》と思われるあたりで波がかなり高く船も揺れたが、午後四時五十分、本斗港《ほんと》に入る。港には長尾伝右衛門、加藤民雄、葛西、船戸梅太郎、田中末太郎の皆さん達が迎えてくれた。

本斗港に近づくころより大風となり、上陸したらさらに烈風と変わり、塵《ほこり》をものすごく吹き上げている。本斗駅まで徒歩で、駅前の名物そば屋にて親子丼（六十一銭）をいただき、迎えの一行は鍋焼きうどん（三十銭）を食べた。午後六時二十分、本斗駅を発車、六時五十分阿幸駅に着き、徒歩で二十分、田中末太郎宅に到着した。風は益々強くなった。阿幸集談所の近くの―丸善―という温泉旅館の温泉につかり、宗谷海峡で船に揺られた汗を流し落とした。

ラジウム鉱泉のような気がした。然しそれにしても入浴料が七銭というのはめずらしい、ビールをいただきホッと疲れが取れる。

・本斗宣教所のために

親はものの根　　　　　　　　宗　六

・真光宣教所のために

子を思う心はつねに変わらじや

道のり千里へだちたるとも　宗　六

真岡に向かった。午後七時三〇分、真光宣教所に到着。速水先生が一席講演をしてくれた。

六月四日

晴れ、朝四時起床、朝食も早々に四時五〇分出発。西、照井、山下君まで見送ってくれた。豊原経由、雄信内までの切符を求め、五時三〇分真岡駅を出発。

樺太の西海岸より東海岸への横断鉄道、池の端駅より進めばループ式の線路が山の中腹を走り、車窓の眺望《ちょうぼう》誠に美しく、春若い緑が残雪とともに目にしみこみ、ジャコウ鹿の趨《はし》る姿が特に目についた」

甲府系

大樺《たいか》分教会

大正十四年十月二十日、樺太大泊郡大泊町船見町中通りに内田清重氏を初代会長として設立された。

内田清重氏は山梨県北巨摩郡若神子村で、内田駒太郎氏、カメノ夫婦の長男として明治三十四年五月二十日に生まれた。内田家は駒太郎の長女サトヨが幼少のころ身上となり、北巨摩分教会の辻岩次郎初代から助けられて信仰を始めた。

サトヨは後、中田勝治郎氏に嫁し、北巨摩の家計窮乏《きゅうぼう》の時、中田氏は渡米、布教の傍ら働いて北巨摩に送金。神沢氏より数年前に渡米したもので、甲府系としては最初のアメリカ伝道者である。

しかし、布教は実を結ばないまま帰国。清重が生まれた時は、すでに父駒太郎は道一条で函館に単身布教。清重七歳の明治四十二年、一家は函館に渡り、大正三年十一月、駒太郎は函館市高砂町で「松風」の名称の理を戴いていた。清重は、かねてよりロシア布教を志し、ウラジオストックに渡ろうとしていたが父が許さなかった。すると松風の土台になった信者の岩岸清太郎氏、ノヨ夫婦が明治三十八年渡樺。大泊町栄町で「泊泉湯」という風呂屋を経営していたので父を説き伏せ、大正十三年七月、教校別科三十二期を卒業するや翌月、大泊に渡った。清重二十四歳の時である。

大泊に渡った清重は、間もなく大泊船見中通りに八十一坪を買収して二十五坪の教堂をふしんして、大樺の名称の理を戴いた。

当時、函館から大泊までの運賃は約十円、稚内からは船で八時間もかかった。

布教に際して、布教届を樺太長官の昌谷彰氏宛に提出していた。

『私儀、今般御管下に於いて布教に従事致度に付、大正九年十二月三十日樺太庁令第五十号第三条に依り左記事項を具し此段御届仕候也』とあり松風、北巨摩、甲府、名京の各教会の連署となっている。

また布教項目として、布教の方法ー『各戸を訪問し又印刷物を配付し或は補助者を置き各戸に付、本教教理を聴聞するの意志有るや無きやを確かめ、その意志あるものに就き教理を説き、或は又依頼に応じて禁祈禱をなし、有志者の請いに依り其の家屋に於いて随時説教講話を為す、説教講話は本教規定に表示せる宣教規定に従い聴聞者男女座席を区分し開催す、但し午後十二時迄』と、いかに物々しいものであった。大樺はその後、内田忠夫氏、岩岸ノヨ氏と会長が変更した。

復　興

昭和二十七年八月二十七日、北海道帯広市東二条南二十一丁目にて、忠夫の妻内田ハナ氏が四代会長に就任して移転復興した。

現在、内田忠彦氏が会長を務めている。

豊岡系

楠渓《なんけい》分教会

大正十四年十一月八日、樺太大泊郡大泊町楠渓町字南三条二丁目十二番地に敷地七十二坪、木造平屋二十五坪（梶榮太郎所有）の建物にて、田口仁太郎氏が初代会長として設立した。

豊岡の初期の頃、道の上に大きく働いた楠田菊太郎氏たちによって因幡一円に道が広げられた。明治二十九年、内務省訓令第十二号（秘密訓令）が発令されてより、警察の干渉厳しく教勢が著しく衰えた。豊岡の布教師、楠田氏、田中賢一氏は、北海道布教に活路を求めて同年、北海道天塩国留萌、増毛を布教の地と定めた。この地には豊岡の信者が数軒移住していた。

楠田もこの地で留萌《るもい》集談所を開設した。田口仁太郎氏は留萌の人で、万延元年の生まれで材木商を営んでいた。明治三十八年頃四十五歳、火傷のご守護により入信し、留萌講社役員、村井庄作氏より話を聞き、楠田氏の所へ吉田政次郎氏とともに通い熱心となる。

吉田政次郎（二代）は明治九年四月二十四日、鳥取県気高郡宝木村で父久三郎、母トメの次男として生まれた。学業を終えて漢学者として教鞭《きょうべん》と取っていたが、両親が留萌に入植したため、政次郎も明治三十二年十二月、二十三歳の時に留萌に入植した。

田口氏は大正六年、商売の関係で樺太に渡り、すでに樺太で布教していた工藤フヨ氏とともに布教する。大正十一年教校別科卒業。教祖四十年祭の折、大正十四年に楠渓分教会を設立して初代会長となる。

昭和四年、田口氏は急に出直す。七十一歳であった。妻マツは昭和十九年まで教会住み込みとして勤めた。

昭和四年、吉田政次郎氏が二代会長となる。当時、吉田は留萌でうどん製造業をしていたので単身樺太に渡った。半年遅れで妻まつ氏と四男守、六男正、五女八重子を連れて渡樺した。しかし昭和七年、吉田は身上が急に悪化し、惜しまれながら五十七歳で出直した。

三代会長として北川啟造《けいぞう》氏がなるも通いの会長で昭和十三年辞職。

四代会長は、二代会長吉田政次郎氏の四男守氏。政次郎氏は次から次と子供が出直したので四男は手元から離してと考え、天理中学に出し豊岡の詰所に勤務していた。

終戦後、吉田守氏はソビエトに抑留され留萌に戻ったが、お目標様を失い、信者たちとも連絡が取れず、その責任を感じて会長を辞職した。楠渓は事情教会となる。

復　興

昭和三十年、五代会長として高坂しな氏が就任、東京都杉並区で復興する。高坂氏は、工藤フヨ氏にたすけられ昭和十年十二月、四十九歳で入信した。子宮筋腫で腹がパンパンとなり苦しく病んだが、家族の反対の中教会に住み込んだ。ある日、臭くて居たたまれないほどの血膿《けつのう》が大量に出て、腹がぺったんことなりご守護をいただいた。信仰を強く止める夫と離婚して旧姓の高坂となった。娘の居る東京に生活をしていたのであった。楠渓の樺太時代の信者である。

現在、東京都豊島区で二代会長吉田政次郎氏の六男正氏の妻、吉田富士子氏が会長を務めている。

鹿島系

樺園《かえん》分教会

昭和十八年十月三十一日、樺太大泊郡大泊町東一条南一丁目に若松為太郎氏が二代会長として設立した。

樺園は元小牧部属であった。松浦好蔵氏が大正十四年十二月二十五日に名称の理を大泊郡千歳村で設立したが、事情教会となっていた。これを時の樺太教務支庁長、岡田佐平氏に事情教会を引き受けてくれと頼まれ、鹿島が貰い受けた。

若松氏は秋田の男鹿の生まれ。鍛冶屋に奉公し、年季が明けて親たちが移住していた北海道稚内郊外で鍛冶屋を始めた。長年の母の子宮病が、宗谷布教所長の引網庄蔵氏のおさづけで奇跡的にたすかったことから信仰に興味をもった。

為太郎も、二十六歳の時に大酒がたたって身上になった。それを三日間の願いでご守護いただき、心の成人を促された。「宗谷」は名称の理を拝戴して教会になる。

引網氏が出直して、上級中越分教会の東野治作役員が修理役を引き受けた。

宗谷が名称の理を拝戴したのを旬に、為太郎は道一条に転じた。

引網氏は稚内市内の移転ふしんに宗谷に心魂《しんこん》を注いだが、教祖四十年祭の時、帰参するのは自分ただ一人、しかも借金をしてのおぢば帰りという寂しさに奮起して禁酒を誓った。

その奮起が若松氏を樺太布教に駆り立て、教祖四十年祭の年の七月、三十一歳の時渡

平成二十一年九月、北海道教区サハリン訪問・日本人慰霊碑前で「よろづよ八首」を奉唱

樺。妻と二人の娘とともに大泊に布教に出た。翌年、教校別科に入学したが、長男の出直しという節に今いっそう布教に拍車をかけた。

教校別科から帰ってからの布教は苦難の連続で、家賃滞納のため同じ町内の一丁目と二丁目の間を五カ所も移転。たまに巡教にくる東野氏も「わしも心臓が強い方だが、おまえには負けた。元の家主の家の前を紋付きで涼しい顔で通りすごしている」とあきれた。

昭和二年、別科卒業とともに若松氏は一段と布教に専念した。この道中は赤貧を極めた。暖をとる薪こそイヌソリであっちこっち取りに行って十分あるが、金銭は全て上級教会にお供えしていた。

この時、幼い子供たちが次から次と出直していった。医者に診せられず、食べ物もなく、当時は味噌を買うことも出来ず塩汁であった。ある子は「かあちゃん、濁った茶色いみそ汁飲みたいね」と言って出直した。

ある男の子の時は冬であった。樺太の冬は厳寒である。フ〜フ〜と息も絶え絶えの中「かあちゃん、とうちゃん」と細い声でうなされて、いつ出直すか分からない子を置いて若松は市街へ布教に出た。間もなくしてその子は出直した。信者の一人が若松を捜しに町中を歩くと、大泊駅のベンチにまんじりともせず座って頭を抱えて泣いている為太郎がいた。

そうした苦難時代、力をつけてくれたのが、南樺分教会の菊地重太郎氏であった。

「人様に悪口言われて一人前だ。わしたちには教祖のひながたがあるぞ」

今一人は、後に樺太教区長になった当時の北海道教区主事・岡田佐平氏だった。

「人のマネの出来ないような泣き方を通っておけよ」と。

苦労の末に、若松氏は「樺園」の名称の理を拝戴した。

復　興

終戦後、家族たちは引き揚げたが、その九月大泊は出火、目貫《めぬき》場所四百戸余りが焼失。

当時消防団に入っていた若松氏はその消火の際、ソ連兵の誤射で右足関節を撃たれて入院。これを利用して西海岸に保養という名目で、他系統の会長と信者二名を付き添いということで本斗に出て、十二月二十八日真夜中密航し、無事稚内に到着。引き揚げた信者と苦楽をともにし、北海道紋別市落合町一の十二で昭和二十六年四月十九日に復興。

現在、進藤哲典氏が会長を務めている。

北洋系

利《り》居《おり》分教会

昭和九年十月三十日、樺太泊居郡泊居町大字泊居字本町二丁目十二番地にて、佐藤トミヲ氏を初代会長として設立する。

佐藤亥吉氏は明治二十八年ころ、秋田の由利《ゆり》分教会の礎ともいえる佐藤嘉右衛門氏から話を聞いて、子供が次々と出直すいんねんを悟って入信した。

亥吉はその後、矢島の地で布教し、明治三十年ころおさづけの理を拝戴した。明治三十九年、樺太に渡って布教していたが、大正十三年に七十四歳で出直した。

大正十四年、その娘の佐藤トミヲ氏は教校別科三十四期を卒業し、翌年、樺太で集談所を開設した。

昭和九年十月三十日、利居分教会を設立した。

復　興

昭和二十二年、由利分教会に引き揚げた。どうにかして教会の復興をと心がけてはいたが戦後の混乱の中、役員、信者が四散し音信不通となり、由利分教会預かりとなる。

松田アサノ氏（三代会長）は大正五年函館に渡り、女中奉公をしていたころ、病気がちであった。実弟、伊藤末五郎氏の手びきで二十七歳ころ入信した。

昭和四年九月、教校別科四十三期卒業。

昭和八年、秋田県由利郡上浜村小砂川に布教地を移した。

昭和四十二年十月二十六日、利居分教会を「上之浜」と改称し、秋田県由利郡象潟町関字建石四五番地八四にて、二代会長松田清作氏が移転復興した。現在、秋田県にかほ市象潟で松田芳洋氏が会長を務める。

生野系

生樺《せいか》分教会

樺太豊原郡豊原町大字豊原東三条南十丁目三十七番地にて、大正十四年十一月二日、鈴木しま氏が初代会長として設立した。

　鳥取市にある法美分教会（生野系）の野田安蔵会長は、教祖四十年祭ご執行の発表と同時に打ち出された海外布教の声に刺激され、法美の信者で樺太豊原に渡っていた鈴木しま氏を頼って大正十四年五月に渡樺。しまの子息、熊太郎氏は豊真《ほうま》鉄道（豊原―真岡）敷設の現場監督で、しまは熊太郎の家に同居していた。

　野田氏はこの鈴木家を足場として布教。東京に住むある教友から依頼されていた本斗町の町長北条抄三郎氏の夫人を訪ねた時は、豊真線はまだ開通していなかった。

「聞くに勝る深山ばかり、トド松、エゾ松生い茂り、道路の両側は熊笹《くまざさ》の茂り、人声もなく、あまりにも気持ちの良くない独り旅、予定どおり川合いにて一泊。翌朝出立して、昨日も今日も腰を据えずに歩き歩きムスビの弁当を喰いながら歩きつづけて……」

　熊が出没する二十八里（約百十二キロ）の山道を、三里ごとにある郵便配達夫のための駅停を過ぎて、命からがら真岡に着き、そこから本斗まで汽車で行き、やっと北条氏宅を訪れた。

　折しも本斗町では、時の皇太子殿下をお迎えする準備中で多忙であったが、町長は野田氏の訪問を喜び、殿下のお休みの建物、ご覧になられる予定の樺太物産の陳列所に案内しようと申し出た。

しかし、野田は渡樺する際、生野大教会長様から「名称の理を戴くまでは物見見物は一切まかりならぬ」という仕込みや、また北海道教務支庁舎ふしんの際、真柱様のお居間を造作中は、時の板倉槌三郎庁長は一歩も現場に足をふみ入れなかった話をして断った。理を重んずる野田の態度に、町長は感激して早々家に神様をお祀りした。

なお、その七月に渡樺された皇太子殿下は風浪のため予定の真岡には上陸されなかったが、本斗には荒波を押して上陸され、北条氏は町長として大いに面目を施した。

大正十四年十一月二日、野田と鈴木一家の真実により、豊原市東三条で生樺の名称の理を拝戴した。

鈴木しまが会長に就任。野田は法美の教会に帰国した。後にしまが老齢のため会長職を熊太郎に譲った。熊太郎は樺太教務支庁の書記、また支庁舎ふしんの現場監督として勤めた。

生樺分教会は終戦とともに教会を接収《せっしゅう》された。鈴木熊太郎二代会長はお目標様を懐に隠して、シベリア抑留の身となった。

「鈴木会長は現地で強制労働に就かれ、寒さと飢えで病に倒れて日本に帰還するまでの約一年半、ソ連兵に見つからないように、親神様のお目標様を肌身はなさず捧持していた。入浴時には隠す場所に苦心し、ゆっくり湯に浸《っ》かることもままならなかったようだった」

このような苦労の末、帰国した。

復　興

樺太から引き揚げ後、しまは七十九歳で出直した。二代の熊太郎は鳥取市中町四十九で昭和二十八年四月二十七日、移転復興。その喜びもつかの間、同年十二月に六十四歳で出直した。

現在、同市で野田浩子氏が会長を務める。

嶽東系

清坂《きよさか》分教会

大正十四年十月三十日、樺太真岡郡清水村大字逢坂字逢坂東十四番地にて、海老名三郎氏を初代会長として設立された。

明治二十二年から始まった上級小田原分教会の道は、近郷近在はもとより、明治二十五年には宮城県まで伸びた。さらに明治三十三年より三十四年にかけて、北海道布教が始まった。

道南方面は「宮城県の道」の延長であったが、道北（紋別、網走）方面は全く新たな布教開拓であった。ちなみに、網走方面は山本徳次郎氏、紋別方面は浜野延太郎氏、二見滝太郎氏等であった。

やがて、山本徳次郎氏は極寒の地に踏みとどまり、苦節十三年にして大正二年、紋別郡渚滑《しょこつ》の地についに「渚滑」の名称の理のお許しを戴いた。

その渚滑の地で布教が始まった明治三十三年ころ、小田原より出向いた布教師たちに何くれとなく協力する婦人がいた。彼女は、明治二十九年ころ四国より渡道した。池《いけ》栄氏という二児の母親であった。

栄は四国時代に、奉公先の主人が天理教信者であった関係から、早くよりお道の話を聞いていた。故郷を遠く離れて移り住んだ彼女にとって浜野、二見の両先生のお道の話は、遠い生まれ在所の思い出話のように懐かしく、親しく心に響いたことであろう。

そのような経緯から両先生に仕えていた。しかし彼女の夫は信仰には反対であった。だから彼女のつとめはいつも夫に知れぬように陰ながらの運びが主であった。

そうこうするうち明治三十九年、栄の長女寅恵が脊椎《せきつい》カリエス、長男金猪が喘息の身上となり、お手びきをいただいた。

当時は水口分教会三百九十三号講社が講元桜井長太郎氏、講脇森慶四郎氏をもって設置されていた。栄はその講社につくし運びして子供たちの身上をご守護いただいたのである。

大正四年、池一家は、軍隊入隊中の長男金猪を除いて樺太に移住し、真岡郡清水村二股にて開拓農家に従事した。そのころは新天地を求めて多くの邦人たちが海を渡り樺太に移住していたのである。その中にあって栄は近隣の知人友人たちに、熱心に道の話を説いて廻ったという。

一方、後に清坂分教会の初代会長となる海老名三郎氏は、明治二十四年、北海道余市郡大川町にて海老名初太郎氏の次男として生まれた。海老名家は青森の出身で、最初江差に渡り漁を営んだが、後に余市郡大川町に移り住んだ。初太郎は長年船頭を勤めたが、やがて山の仕事に切り替えた。妻きよ、長男重次郎に先立たれ、残された三郎と父子二人で生活する中、大正二年、父子は他の仲間とともに真岡郡清水村逢坂に渡り、農業を営んだ。

そのような縁で池家と知り合い、三郎は大正五年七月、栄の四女竹尾と結婚した。栄は三郎に熱心にお道の話を取次いだ。

また竹尾にしても子供の時から信仰熱心な母の仕込みは自然に身に付いていた。大正八年七月、長女花子の身上からだんだんと身上かしもの・かりものの理を説かれ、生来虚弱であった三郎はここで初めて入信の意志を固めた。

我が身我が家のいんねんを深く自覚して道一条を定め、大正十年、教校別科二十六期を卒業した。爾来《じらい》三郎は出直すまで世上の働きは一切せず、布教活動に専念した。

竹尾は五人の子供を抱え、においがけ・おたすけに奔走する夫の留守を守り、子供の養育はもとより家計を始め家庭の一切が彼女の双肩《そうけん》にかかったが、持ち前の気丈さで頑張り通り抜けた。

教祖四十年祭を迎える教勢倍加の旬の理に乗り、やがて道は徐々に拓けて大正十四年十月三十日、海老名三郎を初代所長として清坂宣教所のお許しを戴いたのである。

その後、地方庁の認可が下りる昭和六年までは、三郎は特に我が身我が家を顧みず、世間で働かず、たすけ一条に歩き廻る。そんな彼を警察や役所は白眼視し、軽蔑《けいべつ》の目で妨害した。何かというと交番に呼び出し、理由もなく殴る蹴るの乱暴を加え、夜など闇に紛《まぎ》れて突き飛ばされることなど再三であった。その中をじっと歯を食いしばって堪え忍んで通った。

宣教所のお許しを戴いたものの、そのような事情から容易に地方庁の認可は地元の役所では通らなかった。

ちょうどそのころ、村の学校では校舎はあっても運動場がなかった。村人は相談の上、勤労奉仕で運動場用地を造成し整備して学校に使って貰うことに決まった。昭和三年にその工事が始まった。最初のうちは村人たちも勇んで奉仕に出たが、我が家の仕事を犠牲にしてまでは続かず、二カ月も経つうちに誰もくる者がいなくなり、残ったのは海老名三郎とその信者たちだけであった。

三郎は、天理教人のひのきしん精神を発揮するのは今この時なりと信者たちを激励し、一年二年三年とひのきしんを続け、ついに立派な運動場を造り上げたのである。これを見て清水村の村長はじめ役所、警察の人びと、また村人はその真実に三郎に対する認識を改めざるを得なかった。

念願の宣教所開設申請は、一も二もなく役所を通して、添書《てんしょ》まで付けて樺太庁に提出され、認可が下ったという。この時の三郎はじめ信者のよろこびは想像に余りあることであった。

かくて昭和十八、九年ころまで教勢も順調に伸びたが、日増しに険しさを増す第二次世界大戦は徐々にこの地方にも騒然さを増し、昭和二十年九月ソ連軍の進駐となり、お目標様、神具一切を没収されるという事態になった。以来二年間、常駐するソ連軍と一緒のような生活が続いた。

昭和二十二年、帰国の時がきた。旧日本鉄道に従事していた長男を除く全員が九月、函館港に向かい出港した。一時上級渚滑分教会に身を寄せ、翌二十三年五月、引き揚げ者に用意された余市郡赤井川村字落合の開拓地に入植した。

この時には樺太当時の役員信者たちの行方が知れず、会長家族の生活を送るのが精一杯で、復興まではかなりの年月を必要とした。

ようやく生活も落ち着き、農業も軌道に乗り始めたころ、復興の気運が高まってきた。借地、借家であったが、内部を改装して神殿となし、昭和二十六年、教会復興をすべく、移転願いを本部に提出し、昭和二十六年七月二十五日にお許しを戴いた。

開拓地で十年が経ち、この間に不明のまま散在《さんざい》する信者たちとも連絡がとれ、現在地、札幌市白石区北郷に移転地のご守護をいただいた。昭和三十五年、二度目の移転をなし本格的な復興を遂げた。

さらに昭和四十九年、神殿建築を行った。現在、海老名清氏が会長を務めている。

樺恵須《かばえす》分教会

樺太名好郡恵須取町大字恵須取字恵須取一番地にて昭和十年十二月三日、千葉市松氏が初代会長として設立する。

所長千葉市松は慶応元年六月二十一日、宮城県桃生郡太田村で父高橋作兵衛の三男として生まれた。明治二十一年、同村樫崎の千葉与利治氏の長女さきと結婚した。

明治二十八年に、武尾卯三郎氏等がこの地に布教のため進出してより、子供の身上から入信。二十九年には改宗をし、またこの年結成された斯道会千七百二十四号の周旋方として、においがけ・おたすけに励み、三十年おさづけの理拝戴。さらに同年、飯野川出張所設置には信徒総代となって出願に真実を尽くし、設置後も役員として、その活躍は目覚ましいものがあった。

その後明治三十三年、家財を整理して出張所に入り込み、一段とたすけ一条に勤め、翌年教導職試補を拝命した。椎野所長に次ぐ二人目であった。

先に述べた事情により早く養父のいる利別村へ移住し、その後飯野川から共同生活時代の教友が次々と入植してきたので、ここに再び市松を中心に布教活動が活発に展開されていった。

大正三年、市松を担任に上利別宣教所設置の運びとなり願書まで作成したが、一同の意見がまとまらず、この案は流れてしまった。これを境に人びとは再び利別村を後に新天地を求めて出て行った。

こうして市松も大正十三年、利別村メップの地と決別して、遠く樺太へ渡った。五十九歳であった。市松はこの地においてもまた布教を再開始し、筆舌に尽くせぬ苦労、努力の末、ついに宣教所を設置、その初代所長に就任した。

如何なる苦節にも耐え、初心一念を貫いて未踏の地に開拓の歩みを進めた。千葉市松氏のすさまじいまでの執念とその伝道精神、そして市松をそこまで導いた、小田原分教会二代会長の丹精の誠に驚嘆《きょうたん》するばかりである。

復　興

北海道瀬棚郡今金町字種川五百番地の二にて、「種川」と改称して復興。現在、植田くに江氏が会長を務めている。

上恵須取《かみえすとる》分教会

樺太名好郡恵須取町大字上恵須取字上恵須取南一線十二番地で昭和十年十二月三日、山崎準一氏が初代会長として設立した。

山崎準一氏は明治三十年一月五日、福島県相馬の地で、父市太郎、母さつ氏の次男として生まれた。明治三十二年ころ、一家をあげて北海道瀬棚郡利別村美利加に移住した。

大正二年ころ、父市太郎は病床に臥す身となったが、飯野川出張所所属のようぼく川上捨平氏（後の北標津《きたしべつ》役員）等の熱心な丹精により、ようやくお話に耳を傾けるようになった。

こうして山崎一家は、千葉熊蔵氏、千葉市松氏、熊蔵氏の弟、千葉八百吉氏（遠淵初代）等の丹精と仕込みで、しだいに熱心に信仰するようになった。

大正四年、兄辰記は事故で片眼片腕を失い、大正十年、教友の後を追うように、準一も妻サダをともなって新天地樺太に渡った。義侠心に富んだ準一は、八十世帯の入植の世話取りをして、時の樺太庁長より表彰されたという。その後も、母さつを中心として信仰の炎は大節の中にも衰えず、昭和八年十二月、おさづけの理を拝戴、翌九年二月教校別科五十一期を卒業した。

月次祭には、同村の住民が皆「ひと月の楽しみ」として寄り集まって、教会は地域の憩いの場であったという。

復　興

北海道空知郡芦別町字黄金町七二五番地にて昭和二十七年四月二十一日、田中賢一氏

が会長で復興（代務者は山崎辰記氏）。現在、札幌市東区で相田育也氏が会長を務める。

遠淵《とおぶち》分教会

樺太長浜郡遠淵村大字遠淵字遠淵七十九番地にて昭和十五年十二月一日、千葉八百吉氏を初代会長として設立された。

復　興

北海道標津郡標津村字川北四線二。

昭和二十三年一月二十九日、千葉八百蔵氏が復興。

現在、北海道紋別市渚滑町川向で「立牛分教会」と改称して、森登喜夫氏が会長を務めている。

小牧系

留《る》多《た》加《か》分教会

樺太留多加郡留多加本町左七番地にて大正十四年四月二十二日、前川正太郎氏を初代会長として設立された。

北湧宣教所の役員、前川鎌太郎氏は大正八年樺太布教を志した。樺太留多加郡留多加町に至り、布教を開始したことに始まる。鎌太郎は兄與喜次郎氏の湧別屯田《とんでん》の家族として、愛知県東春日井から移住した人である。

明治三十五年、父母とともに信仰を始めていたが、明治四十三年長女エリの身上から信仰熱心になる。

大正二年、おさづけの理拝戴。

同じくこの年、妻京が熱病チフスで倒れ、危篤となり医者も手をあました。稲垣おか氏の導きで道一条で通る心を定めてご守護をいただいた。

同年、馬二頭を連れて北湧宣教所に入り込んだ。大正五年九月、教校別科十七期に入学。

大正八年、渡樺した。その中に豚のおたすけが道あけとなり、土井佐市氏の妻タネ氏の眼病をおたすけするなど信仰する人たちもできてきた。が、上級北湧に勤めてほしいとの上級の命を受け、帰国した。

大正十二年、土井佐市氏の懇願から川口林右ェ門氏が派遣されたが、大正十三年、教校別科入学のため帰国。

同年四月前川正太郎が代わって着任した。正太郎は鎌太郎の甥になる。

正太郎は父與喜次郎、母ミトの長男として生まれる。

明治三十年、屯田兵の家族として来道。叔母みよの耳の病から入信。

正太郎は農業を営んでいたが、父の身上から家族で北湧に入り込んだ。やがて父の出直しから家のいんねんを悟り、道一条を定めた。大正十一年、教校別科二十八期に入学。同年おさづけの理拝戴。

大正十一年十二月十三日、網走郡網走町の下元丑太郎氏、以志の三女イセと結婚。

翌十二年、紋別郡下湧別村沼の上に布教に出る。

昭和十五年五月、土間の上に筵敷きの神殿で行われた留多加分教会の神殿落成奉告祭

大正十三年、樺太の土井佐市氏の集談所に単身赴任した。当時、お世話になっていた家の母親から「天理教の食いつぶしが舞い込んできて困った。明日は何を食べたらよいものか」と毎晩のように陰口をたたかれ、正太郎氏は神実様を背負って飛び出し、各村を布教に回った。

その後布教に励む中に信者も追い追い増加して、菅野伊之助氏から土地百坪を借り受け建物三十五坪を建築して大正十四年四月二十二日、留多加の名称の理を戴いた。

昭和十五年五月、さらに移転建築で神殿新築。十一月二十日鎮座祭、二十一日奉告祭。参拝者百名で賑々《にぎ》しく勤めた。

その時の記念写真がある。見ると神殿の参拝所にはまだ床が出来ておらず、地べた一面に筵が敷かれている。神殿落成はしたものの大変だった様子が窺える。

復　興

昭和二十三年五月八日、樺太留多加を出港。

同月二十一日、家族とともに上級北湧の教会に到着。同七月二十七日、復興を目指して丸瀬布町に移住。

昭和二十六年十月二十八日、北海道紋別郡丸瀬布村マウレセプ原野五十一で移転復興を果たした。

現在、紋別郡遠軽町で前川賢一氏が会長を務める。

平安系

豊安《とよやす》分教会

大正十四年十一月五日、樺太豊原郡豊原町大字豊原字大通り南九丁目三十二にて梅津好吉氏が初代会長で設立された。

復興

北海道帯広市にて移転復興。

郡山系

園樺《そのかば》分教会

昭和九年十一月十五日に、樺太名好郡名好村大字西柵丹《にしさくたん》字西柵丹二で上田はる氏が初代会長として設立される。

復興

北海道函館市堀川町五十八の一にて復興。

現在、埼玉県桶川市にて「北鹿野」と移転改称して、和泉泰弘氏が会長を務める。

岐美系

内幌《ないほろ》分教会

大正十五年二月八日、樺太本斗郡内幌村内幌中市街北一条四丁目八にて、佐藤為右衛門氏が初代会長で設立される。

復興

北海道岩内郡岩内町字東山四十四にて復興。
現在、青塚伸樹氏が会長を務める。

網島系

恵須取《えすとる》分教会

昭和五年十一月四日、樺太名好郡恵須取町大字恵須取字恵須取一番地にて、並河仁助氏が初代会長で設立。

恵須取は人口三万二千人ほどの樺太有数の町である。大正八年ごろから布教に打ち込んだ並河氏の努力が報いられ、ここに当時としては日本最北端の教会が設置された。

復興

戦後、菊池スエノ氏が会長として、北海道旭川市末広一条二丁目で復興。

本　部・北蝦夷《きたえぞ》分教会

北蝦夷分教会は昭和十九年四月二日、樺太豊原市豊原字南三線東十番地六十一にて岡田佐平氏が初代会長として設立された。

昭和十四年五月、講習会会場の恵須取分教会前にて。中央は平野義太郎北海道教務支庁長、左は岡田佐平氏、右は並河仁助会長

樺太には北海道教務支庁樺太支部が置かれ、岡田佐平が初代支部長に任命された。

昭和十五年、宗教団体法発令にともない新教規制定に基づき、昭和十六年三月三十一日、樺太教務支庁が新設され、初代教務支庁長は北海道教務支庁長の椿昌雄氏が兼任することとなった。

昭和十七年四月二十六日に椿教務支庁長の兼任が解かれ、岡田佐平が二代教務支庁長に任命された。

当時、宗教団体法に基づいて、各教務支庁は教会内に設置することとなっていたため、昭和十九年四月二日、北蝦夷分教会が設置され、教会長に岡田佐平教務支庁長が任命された。

先に昭和十八年、北蝦夷分教会新築の儀が起こり、まず豊原市東八条南十一丁目に六百坪の敷地を買収。昭和十九年に入って、五間に十間の神殿、総二階の客間、事務所、信者会館などの建設にかかった。

昭和二十年に入って、神具一式、奉告祭の諸準備も全て整い、後は「お目標様」を迎えるばかりの態勢が出来上がった。

岡田教務支庁長はその手続きのため上和、教会本部に滞在したが、その間に終戦となり、樺太に渡ることが出来なくなった。

その後、岡田は引き揚げの教会家族を始め信者の世話、連絡などに奔走《ほんそう》していたが、昭和二十三年八月十九日六十四歳をもって出直した。

北蝦夷分教会は、元来教務支庁教会で信者も皆無でお目標様も下付《かふ》されていなかったため、そのままであった。

復興

時も経過して、昭和四十一年に執行される教祖八十年祭に各教務支庁教会の布教促進のため、昭和三十七年三月二十六日、教会本部より専任の教会長が任命されたが、その際、加藤亀代治氏三十七歳が二代会長に任命された。

だが、復興の場所も決まっておらず、個人宅の神実様を下付され、北海道教務支庁の中に一部屋借りて布教することとなった。

同年五月、加藤会長は家族とともに北海道に渡り布教を開始。

昭和三十九年六月二十六日、お目標様を下付され、札幌市西区発寒四条四丁目三百六十九に移転復興した。

樺太教務支庁長、岡田佐平の道

さて、最後に樺太教務支庁長として樺太の道の発展に尽くし、その出直しの後、多くの人びとから思慕されている岡田佐平氏のことを記述しておきたい。

岡田家の信仰は、その父要五郎氏に始まる。徳島県人の要五郎は嘉永三年四月生まれ。妻ツルとの間に四男二女をもうけ、佐平は四男。

明治二十六年秋の農繁期に、持病の歯痛を谷ミツ子氏のにおいがけで近くの羽ノ浦の笹田磯次郎講元（後の阿羽大教会長）のおさづけをいただき、一度でご守護をいただき、歯痛は終身二度と起こらなかったという。それ以来熱心となり、羽ノ浦の月三回の祭典日には、他の信者たちは夏秋の農繁期にはおつとめを中止することを協議していたのに、要五郎だけは一回も欠かさなかった。

岡田家はもと阿波蜂須賀《はちすか》候《こう》の家老大森家に仕える武士で、ご維新後、野に下ったものだが、生活が苦しく借金があり、密かに家屋敷を売却して北海道に移住して一旗揚げようと準備中だった。しかし、家屋敷を売却したことが知れると債権者が押し寄せるから内緒にしてくれ、と笹田講元に頼んだ。そして笹田講元から諭された通り、「内地にいては恩借が返済かなわぬ。移住して大いに働いて必ず返済するからしばし待ってくれ」と債権者に正直に頭を下げたところ、子供づれで北国移住は大変だろうと、みなは貸帳を消してくれた。

かくて明治二十九年一月、一家は北海道の東旭川村米飯に移住。要五郎四十七歳、佐平十二歳の時である。開拓の傍ら板に消炭《けしずみ》で「天理王命」と書いた物を目標とし、それを葭《よし》で三尺に囲ってお祀りし、においがけに奔走した。

同三十四年春、阿羽出張所では、その鎮座奉告祭を旬として北海道、九州に教勢を伸ばすことになり、北海道へは要五郎の要請により阿羽役員、藤野竹五郎氏が妻子を伴って渡道した時は、要五郎の布教によって、すでに六十戸余りの信仰者があった。それを土台にして同三十六年二月に東旭川布教所を開設、要五郎に教導職がないので藤野が所長に任命された。この前後から、要五郎は富良野《ふらの》方面に、佐平は士別方面に布教を開始した。時に佐平十八歳であった。

布教の実が上がり同四十二年十二月十一日、要五郎は富良野で、佐平は上士別《かみしべつ》で名称の理を拝戴する。その翌日、東旭川の名称の理を戴いた。その後、要五郎は訓子府《くんねっぷ》に布教所を開設したが、大正十二年八月に出直した。現在、富良野は要五郎の次男与六の孫が会長に就任している。

佐平は明治十八年七月一日、徳島県那賀郡羽ノ浦に生まれ、父要五郎の信仰を継ぎ、東旭川布教所設立には父とともに尽力したが、設置費用が三百円の金策に困り、ひと冬、「でめん（日雇い）」に出て稼いだ百三十円をお供えした。しかし布教所の三円の家賃に困り、「サイやん、大きなもなりして三円の金に困るとはな」と笑われて通るなど布教所の初期の道に尽くしている。

上川郡上士別村で名称の理を戴く二年前、日露戦争で戦死した兄与六の妻イチと、残された家族の困窮を見るに見かねてたすけるため結婚。三男二女を授かったが、末子の三男正春を除いて他は出直した。

父要五郎が出直した大正十二年から同十五年まで、士別を中心に札幌から枝幸郡に道が伸び東士、北士、中頓別、天撫、宗喜、中士別、和寒、また茨城県土浦市に新治郡と次々と教会設置。その後、浜頓別を設け、昭和十年十一月に支教会に昇格した。

昭和二年、教友会が樺太に誕生。北海道教区樺太支部長となり、同十六年四月二十三日には教区主事長拝命。その一ヵ月前に樺太は独立して樺太教務支庁が豊原市西三南十の豊安分教会内に設けられた。

当初は北海道教務支庁長の椿昌雄氏が兼任していたが、同十七年四月二十六日、佐平が樺太教区の二代目教務支庁長に任命され、支庁舎は南三線東十番地六十一に移る。同十九年四月二日、同地で北蝦夷分教会の名称の理を拝戴。

その前年、支庁舎の新築用地として豊原市東八条南十丁目に敷地買収。教区内一体となりふしんにかかり、十九年末には七、八分通り完成、奉告祭を控えて準備に大わらわの最中に終戦を迎えたのである。

奉告祭準備のためおぢば帰りをしていた佐平は、とつぜん終戦となったので樺太渡航は不可能になり、引き揚げた教会長家族、信者家族の世話どりに、連絡に当たっていたが、身上のため昭和二十三年八月十八日、享年六十四歳で出直した。

佐平出直し後、三男正春が上士別の二代会長拝命。昭和二十六年に「道北」と改称。同三十年九月、現在地の士別市東十条三丁目二番地に移転した。

現在、三代会長の岡田雅人氏が初代の意志を継いでいる。

参考資料：

『みちのとも』天理教道友社刊・明治四十三年十月号～昭和四年一、二、三、五月号。

『天理時報』天理教道友社発行・大正十五年八月、昭和五年九月、昭和四十三年九月号。

『大教会史』＝越乃國、本島、白羽、河原町、津輕、甲賀、湖東、洲本、山名、神川、
那美岐、甲府、鹿島、小牧、北洋。

『分教会史』＝網島、桂城、男能富、小田原、北湧。

『天理教伝道史』第十巻　高野友治著　道友社刊。

『天理教教会名称録』昭和十年八月、同二十四年四月、平成二十六年一月発行。

『北海道教区調査資料書類』。

その他、当時樺太に住まいした現存者、及びその子弟からの提供書類と取材多数。

写真提供：
札幌中央図書館、旧樺太引揚げ教会。

あとがき

私がお預かりしている大教会（北海道深川市）でも、冬はマイナス二十度以下になるときもあり、積雪は二メートルを超えています。しかし建物は断熱が施してあり、窓も二重三重のサッシが付いており、神殿や教職舎は暖房が十分に完備しています。また、車での移動が多いので寒さに震えることなく講社づとめ等信者宅を廻っており、先代の先輩先生方からみたら生活は雲泥《うんでい》の差。まさに現代は全てにおいてまことに申し訳ないほど、結構な日々を送らせていただいております。

今、「サハリン」の名前は聞いたことがあるが、「樺太」が何処にあるのか知らない人が増えています。世界大戦から七十年にもなるので、それでいいのか判断が付きません。私自身も戦後生まれで戦前や戦争中の生活は知りませんが、初代から道の苦労をし、代々信仰を続けてくださった感謝の念《おも》いを持っております。父も短期間ではありましましたが、樺太で布教に歩いたと聞いておりました。また昭和二十年後、最初にサハリンに神名を流したのは平成十六年、男能富分教会長、五十嵐仁氏でありました。それに続いて平成二十一年、二十二年、二十三年と北海道教区の前教区長、藤田文雄先生と団体を組んでサハリン研修の旅に参加いたしました。

明治の代から、北海道教区樺太支部は多くの先輩たちが極寒《ごっかん》の地で筆舌に尽くせぬ苦労の中、布教を進め、五十五カ所の教会を設立され、誠真実の心で、においがけ・おたすけに奔走されたのであります。私たちが研修に行かせていただいた時は時代を経て、教会の建物はまったく無く、教会跡地を探すことから始まりました。日本人墓地、慰霊碑、激戦地の跡等を廻り慰霊祭を行い、多くの御霊《みたま》の日本人に哀悼の誠を捧げさせていただきました。

特に防空壕の跡は今でも荒廃した形で残っております。

北緯五十度（旧国境線）に立つと戦争の愚かさが身にしみます。

本書には、明治から終戦前までの樺太伝道者の姿と記録がまとめられており、八月十五日の終戦直前より無条件降伏後のソ連軍からの爆撃、侵略や引き揚げの際の悲惨な出来事はほとんど書かれておりません。
ここに、多くの道の先輩たちのご苦労を少しでも形に表すことができましたことは大きな喜びであります。

本書の編集に際しては、北海道教区「新・樺太伝道物語」編纂委員長の伊藤逸雄氏、委員の藤田好道氏、藤崎実氏、岡田雅人氏（元樺太教務支庁長の孫）の方々が長い年月ご努力、ご尽力くださいました。
本部員飯降政彦先生から序文をいただき、また出版に際して、養徳社の辻豊雄社長様始め、編集部の方々に深甚なる感謝の意を表します。

平成二十七年一月吉日

天理教北海道教区長
西 垣 定 洋

新・樺太伝道物語
―サハリンへ渡った伝道者たち―

平成二十七年一月二十六日　初版第一刷発行

編　者　天理教北海道教務支庁

発行所　図書出版　養徳社
〒632―0016奈良県天理市川原城町三八八
電　話（〇七四三）六二―四五〇三
ＦＡＸ（〇七四三）六三―八〇七七
振　替　００９９０―３―１７６９４

印刷・製本　㈱天理時報社

ISBN978－4－8426－0116－8